SCHEU · LERNEN BEIM EXPERIMENTIEREN

PRAXIS-Schriftenreihe · Abteilung Physik · Band 57
Herausgeber: StD Max-Ulrich Farber

Lernen beim Experimentieren

Physikalische Schülerversuche für die Sekundarstufe II

Von
HORST SCHEU
Konstanz

AULIS VERLAG DEUBNER & CO KG
Köln

Die Deutsche Bibliothek – CIP-Einheitsaufnahme

Scheu, Horst:
Lernen beim Experimentieren : Physikalische Schülerversuche für die Sekundarstufe II /
von Horst Scheu. – Köln : Aulis-Verl. Deubner, 2000
(Praxis Schriftenreihe : Abteilung Physik ; Bd. 57)
ISBN 3-7614-2262-8

Für meine Eltern

Best.-Nr. 1056
Alle Rechte bei AULIS VERLAG DEUBNER & CO KG, Köln, 2000
Druck und Bindung: Siebengebirgs-Druck, Bad Honnef
ISSN 0938-5517
ISBN 3-7614-2262-8

Das vorliegende Werk wurde sorgfältig erarbeitet. Dennoch übernehmen Autor, Herausgeber und Verlag für die Richtigkeit von Angaben, Hinweisen und Ratschlägen sowie für eventuelle Druckfehler keine Haftung.

Inhalt

Einleitung 7

Zum Aufbau des Buches 7
Aspekte von Oberstufenpraktika 9
Zielsetzung von Oberstufenpraktika 10
Vorschläge für die Gestaltung von Praktika 11

Methoden zur Messung und Auswertung 15

Messen mit dem Multimeter 15
Messen mit dem Computer: Digitalmultimeter (DMM) 17
Messen mit dem Oszilloskop 19
Messen mit dem Computer: Interfaces 24
Registrierung und Analyse von Bewegungen I: Videorecorder 27
Registrierung und Analyse von Bewegungen II: Video, Computer 28
Messfehler und Fehlerrechnung; statistische Schwankungen 30
Integration mit Hilfe der Tabellenkalkulation 36
Vorhersage von Versuchsergebnissen, Simulation 39

Experimente 41

Schema der Versuchsanleitungen 41
Hebel am Körper 43
Fallbewegungen 46
Stoßvorgänge mit Video, Erhaltungssätze 48
Dämpfung harmonischer Schwingungen 50
Vergleich von Gleichspannungsquellen 54
Entladung eines Kondensators 56
Kapazitätsmessungen an Kondensatoren 59
Bestimmung der Flussdichte eines Elektromagneten 63
Fallrohr 68
Barkhausen-Effekt, Hysterese 72
Der elektromagnetische Schwingkreis 75
Sperrkreis 80

Wechselstromwiderstand und Leistungsaufnahme von Lautsprechern 82
Elektronen in magnetischen Feldern I: Fadenstrahlrohr 86
Elektronen in magnetischen Feldern II: *e/m* nach Busch 89
Halleffekt 92
Bestimmung der Schallgeschwindigkeit 95
Saiteninstrumente 99
Interferenzen bei Ultraschall 102
Kohärentes Licht 105
Beugung an CD und Seidentuch 107
Solarkonstante, Leistung der Sonne 111
Absorption von Wärmestrahlung in Gasen 116
Zerfallskurve eines Mischstrahlers 119
Die Strahlung von Baustoffen und Steinen 123
Poisson-Verteilung 125
Franck-Hertz-Versuch 128

Anhang 131

Ergebnisse der Experimente zur Dämpfung 131
Simulationen zur harmonischen Schwingung 134
Virtuelle Experimente 138
Hinweise für die Teilnehmer am Physikpraktikum 140
Bezugsquellen für Software und Geräte 142
Einige nützliche Internet-Adressen 144
Literatur 147
Stichwortverzeichnis 148

Einleitung

Zum Aufbau des Buches

Dieses Buch gliedert sich in vier Teile:

Einleitung

Hier werden allgemeine didaktische Gesichtspunkte sowie Zielsetzung und Durchführung von Praktika erörtert.

Verfahren zur Messung und Auswertung

In diesem Teil werden Anleitungen zu modernen Messgeräten und -verfahren und für Auswertungsmethoden vorgestellt. Auch eine Einführung in die Fehlerrechnung ist hier zu finden.
Die Abschnitte sind so aufgebaut, dass sie den Schülern als Kurzanleitung dienen und neben das Experiment gelegt werden können. Dies setzt allerdings voraus, dass die angesprochenen Methoden im Unterricht bereits erläutert wurden und den Schülern nicht ganz unbekannt sind. Auf jeden Fall sollten in einer kleinen Handbibliothek die Handbücher der verwendeten Geräte verfügbar sein.
Dass hier viele Methoden mit Computereinsatz angesprochen werden, liegt daran, dass herkömmliche Methoden bekannt und deshalb für ein Buch dieses Inhalts eher überflüssig sind. Auf keinen Fall sollen damit einfachere Techniken abgewertet werden.

Experimente

In diesem Teil finden Sie Vorschläge für Experimente, die die im zweiten Teil vorgestellten Methoden einbeziehen.
Die Experimentiervorschläge sind alle nach folgendem Schema aufgebaut:
▷ Thema
▷ Kurze Einführung in das Experiment
▷ Hinweise und Aufgaben zur Vorbereitung
▷ Geräte
▷ Messmethoden

▷ Hinweise zum Versuchsaufbau
▷ Experimentelle Aufgaben
▷ Aufgaben zur Auswertung, evtl. Fehlerbetrachtung

Anmerkung: Eine für alle Schülerinnen und Schüler geeignete Versuchsanleitung gibt es nicht. Die einen sind vielleicht unsicher und brauchen viel Anleitung, andere wiederum fühlen sich durch eine lange schriftliche Anleitung eher gegängelt.
Es ist möglich den Schülerinnen und Schülern die hier gemachten Experimentiervorschläge in unveränderter Form in die Hand zu geben. Um eine intensivere Zusammenarbeit zwischen Lehrenden und Schülern zu fördern, können einzelne Hinweise oder die gesamte Anleitung aber auch mündlich gegeben werden. Praktikanten, die gewohnt sind, selbständig zu arbeiten, brauchen möglicherweise nicht die komplette Anleitung, um die Experimente erfolgreich durchführen zu können. In diesem Fall kann sie entsprechend gekürzt werden.

Anhang

Dieser bezieht sich zum größten Teil auf angesprochene Mess- und Auswertungsmethoden und auf die vorgeschlagenen Experimente und liefert Beispiele zu Messung, Auswertung und Simulation.
Ob den Experimentierenden diese Beispiele als Hilfe an die Hand gegeben werden oder ob sie als Hintergrundinformation für Lehrerinnen und Lehrer dienen, sollte entsprechend den Fähigkeiten der Schülerinnen und Schüler entschieden werden.

Danksagung

Mein Dank gilt den Schülerinnen und Schülern, vor allem des Physik-Leistungskurses 1997/98 am Alexander-von-Humboldt-Gymnnasium in Konstanz, die bereit waren, Experimentiervorschläge auszuprobieren und diese offen zu kritisieren.
Ebenso danke ich den Studenten des „Seminar und Praktikum zur Didaktik der Physik" der Universität Konstanz für ihre Vorschläge zur Veränderung und Bereicherung.
Besonderer Dank gilt meiner Frau Gabi, meinem Freund und Kollegen Klaus Läuger sowie dem Herausgeber dieser Schriftenreihe, Max-Ulrich Farber, die mir bei der Durchsicht der Texte eine große Hilfe waren.

Aspekte von Oberstufenpraktika

Das Praktikum ist eine wichtige Ergänzung des Unterrichts. Es bietet den Schülern die Möglichkeit, selbst Experimente durchzuführen und damit Unterrichtsinhalte zu wiederholen und zu vertiefen. Das eigene Handeln schafft zusätzliche Motivation und gibt die Möglichkeit über die Aufnahme durch Auge und Ohr hinaus „mehrkanalig" zu lernen. Diejenigen Schüler, die im Frontalunterricht durch ihre starke motorische Aktivität eher stören, kommen hier auf ihre Kosten und können ihre Aktivität positiv einsetzen. *Mehrkanaliges Lernen*

Neuere Überlegungen zur Physikdidaktik heben die Wichtigkeit der Handlungsorientierung auch im Unterricht gegenüber einer rein darbietenden Unterrichtsform hervor. Immer mehr Physik-Lehrende bitten ihre Schüler nach vorne und lassen sie aktiv an Aufbau und Durchführung der Unterrichtsexperimente teilhaben. Dies ist eine sehr positive Entwicklung, die sicher noch nicht an ihrem Ende angelangt ist. *Handlungsorientierung im Unterricht*

In einem Praktikum mit Zweiergruppen sind jedoch mehr Schüler gleichzeitig am Experimentieren. Ohne direkten Einfluß des Lehrenden können sie selbständig ihre Fähigkeiten, zu experimentieren und mit Gleichaltrigen zusammenzuarbeiten, erproben. Praktika bieten den Lernenden einen Rahmen, in dem sie – in Grenzen – ihr eigenes Tempo haben und auch einmal unbeobachtet einen Fehler machen dürfen. *Vorteile von Praktika*

Ein handlungsorientierter Unterricht kann aber auch für das zugehörige Praktikum neue Perspektiven eröffnen. Verstärkt können dort Experimente eingesetzt werden, die nicht im Unterricht durchgeführt wurden. Inhalte des Unterrichts können aus anderer Sicht dargestellt und neue, weiterführende Themen können aufgenommen werden. *Neue Perspektiven*

Auch umfangreichere experimentelle Projekte, die mehr als eine Doppelstunde in Anspruch nehmen, sind möglich. Im Rahmen solcher Projekte lassen sich Bezüge zur Erfahrungs- und Lebenswelt der Schülerinnen und Schüler herstellen, die eine Beschäftigung mit physikalischen Inhalten in einem neuen Licht erscheinen lassen. Da solche Projekte selten rein physikalische Themen haben, wird die Verbindung der Physik zu anderen Wissenschaften deutlich. Eine Zusammenarbeit mit Kollegen anderer Fächer kann hier eine Bereicherung sein. *Projekte, Bezug zur Lebenswelt*

Zielsetzung von Oberstufenpraktika

Orientierung an späteren beruflichen Aufgaben

Neben den pädagogischen und fachdidaktischen Überlegungen muß auch die berufliche Orientierung unserer Schülerinnen und Schüler eine Rolle spielen. Oberstufenpraktika werden in erster Linie von Schülern besucht, die Berufsziele im naturwissenschaftlich-technischen Bereich haben. Dabei sollten wir nicht nur die kleine Gruppe der späteren Physikstudierenden im Auge haben. Auch Ärzte, Ingenieure, Chemiker, Biologen etc. müssen Fähigkeiten besitzen, die sie in Praktika erwerben und einüben können.

Soziale Fertigkeiten

Voraussetzung für die gute Zusammenarbeit in einer kleinen Gruppe sind zuerst einmal soziale Fertigkeiten. Einerseits muß sich jedes Gruppenmitglied in die Arbeit einbringen, muß mitplanen und darf weder bei der Mitarbeit zu zurückhaltend sein noch die Anderen dominieren oder alles an sich reißen. Erst ein gleichberechtigtes Miteinander gibt den Rahmen für eine gemeinsame fruchtbare Arbeit.

Diskussion physikalischer Themen

Eine große Rolle spielt dabei die Diskussion über physikalische Inhalte und experimentelle Gegebenheiten. Aus dieser Diskussion können dann Weiterentwicklungen oder Veränderungen der vorgegebenen Experimente oder sogar die Planung eigener Experimente entstehen.

Messverfahren

Für die wichtigsten physikalischen Größen lernen die Schüler dabei geeignete Messverfahren kennen und üben den selbständigen Umgang mit den dafür üblichen, zeitgemäßen Messgeräten.

Literatur

Nicht immer werden beim Experiment auftauchende physikalische Fragen durch Diskussionen in den Gruppen zu lösen sein. Hier, wie auch schon bei der Vorbereitung auf den Praktikumsversuch, ist es wichtig, geeignete Literatur zu kennen und zu befragen.

Präsentation

Bei jeder naturwissenschaftlichen Untersuchung steht am Ende die Dokumentation und die Vorstellung der Ergebnisse. Um Fachkollegen oder einen größeren Personenkreis über die eigene Arbeit zu informieren, ist es wichtig, naturwissenschaftliche Sachverhalte mündlich und schriftlich präsentieren zu können.

Vorschläge für die Gestaltung von Praktika

Aus den vorangegangenen Zielen und Perspektiven ergeben sich einige Gesichtspunkte für den Aufbau und die Durchführung von Praktika.

Die Schülerinnen und Schüler sollten in Gruppen zusammenarbeiten, um sich gegenseitig unterstützen und anregen zu können. Sicher gibt es bestimmte Vorlieben und Aversionen, die die Kooperation erleichtern bzw. unmöglich machen. Für eine gleichberechtigte Zusammenarbeit wären Gruppen mit ungefähr gleichem Leistungsstand der Teilnehmenden günstig. Andererseits hilft es schwächeren oder etwas gehemmten Schülern manchmal, wenn sie mit jemandem mit größeren Kenntnissen und mehr Initiative in einer Gruppe sind. Diese Aspekte sollten bei der selbstbestimmten Bildung der Gruppen vom Lehrer beratend eingebracht werden. *Zusammenarbeit in Gruppen*

Mit der Zahl der Gruppenmitglieder steigt sicher die Menge der Ideen und des Wissens. Andererseits nimmt die Notwendigkeit, sich einzubringen, ab. Wenn es sich mit der Gesamtzahl der Teilnehmer machen lässt, sind Zweiergruppen sicher am besten. *Gruppengröße*

Für die *Organisation* von Praktika gibt es drei grundsätzliche Möglichkeiten:

1. Lernzirkel: Jede Gruppe führt einen anderen Versuch durch. Die Gruppen wechseln die Versuche zyklisch, so dass am Ende jede Gruppe jeden Versuch durchgeführt hat. *Lernzirkel*

2. Gruppenpuzzle: Auch hier führt jede Gruppe einen anderen Versuch durch, aber nach dessen Beendigung bilden sich neue Gruppen mit jeweils einem Teilnehmer jeder Experimentiergruppe. Dort wird dann über Aufbau, Durchführung und Ergebnisse der Versuche berichtet. *Gruppenpuzzle*

3. Praktika in einer Front: Alle Schüler führen denselben Versuch durch. Dies ist in der Oberstufe wegen der benötigten Geräte meist nicht möglich. *In einer Front*

Bevor ein Experiment beginnen kann, muß es geplant werden. Meist werden die Praktikumsexperimente von den Lehrern ausgewählt und den Schülern vorgegeben. Nicht nur im Rahmen von Projekten, sondern auch im üblichen Praktikumsbetrieb werden *Auswahl der Experimente, Planung*

	bei den Schülern aber auch eigene Ideen entstehen. Diese können dann in der Gruppe oder gemeinsam mit Lehrerin oder Lehrer zur Planung eines Experiments wachsen.
Der Weg ist das Ziel	Da jede Schülergruppe unterschiedliche Voraussetzungen beim Arbeitstempo und bei den Fertigkeiten im Umgang mit Gerätschaften mitbringt, wird jede Gruppe auch ihr eigenes Tempo bei der Durchführung der Experimente entwickeln. Steht ein fester Zeitrahmen für das Praktikum im Stundenplan, kann jede Gruppe deshalb unterschiedlich weit kommen. Das muß kein Schaden sein, solange es nicht zu frustrierend ist, bestimmte Ziele nicht erreicht zu haben. Schließlich geht es im Praktikum auch darum, sich intensiv mit den angewandten Verfahren zu beschäftigen.
Zeitrahmen sprengen	Oft wird es einfach nicht möglich sein, in eineinhalb Stunden mit einem Experiment fertig zu werden. Die beste Lösung wäre dann sicher, weiterzumachen bis das gesteckte Ziel erreicht ist. Das wird aus Termingründen bei Schülern und Lehrern nicht immer machbar sein, doch es ist wichtig, sich von einem strengen Zeitrahmen zu lösen.
Schriftliche Anleitung	In vielen Fällen brauchen die Lernenden eine Anleitung für die Durchführung ihrer Experimente. Lehrerinnen und Lehrer haben jedoch während der Praktikumszeit ein sehr großes Aufgabenfeld abzudecken. Sie sollen für Fragen zur Verfügung stehen, in festgefahrenen Situationen Diskussionspartner sein und auch ein offenes Ohr für menschliche Belange haben. Deshalb ist eine schriftliche Anleitung in den meisten Fällen günstig. Um aber eigenen Ideen einen möglichst großen Raum zu geben, sollten die Schüler nicht durch eine zu enge Aufgabenstellung oder vorgefertigte Aufbauten eingeengt werden. Da weder allen Kollegen noch allen Schülern dieselbe Art von Anleitung liegt, ist eine Mischung aus offen formulierten und klar vorgegebenen Arbeitsanweisungen je nach Geschmack des Kollegen und Temperament der Schüler die günstigste Lösung.
Geräte, Materialien	Die Versuchsgruppen bauen ihre Versuche selbst auf. Stativmaterial, Kabel, Netzgeräte und Messgeräte stehen dafür in einem Pool bereit und können nach Bedarf geholt und wieder weggeräumt werden. Nur spezielle, für bestimmte Versuche benötigte Geräte werden vom Lehrenden zur Verfügung gestellt.
Bibliothek	In der Nähe des Praktikumsraumes sollte eine kleine Handbibliothek zur Verfügung stehen, um theoretische Grundlagen oder Tabellenwerte nachlesen zu können. Dort sollen die Schüler auch die

Bedienungsanleitungen für die Geräte und Handbücher für die evtl. verwendete Software finden.

Die Rolle des Lehrenden sollte die eines Beraters sein. Sie oder er muß sich bei auftauchenden Schwierigkeiten mit schnellen Erklärungen oder Lösungen zurückhalten und den Prozess der schülereigenen Problemlösung unterstützen. Besondere Bedeutung kommt hierbei dem Erfahrungsaustausch der einzelnen Gruppen zu.

Lehrerrolle

Sofort während der Durchführung der Experimente müssen folgende Aufzeichnungen gemacht werden:

Aufzeichnungen

1. Versuchsskizze, evtl. verschiedene Varianten

2. Einstellungen der Geräte (Messbereiche, Verstärkungsfaktoren); alle Messwerte mit Einheiten, auch die mißlungener Messungen

3. besondere Beobachtungen; mögliche Fehlerquellen etc.

Diese Aufzeichnungen entsprechen dem in der Forschung üblichen Laborbuch und sind dann in Ordnung, wenn danach exakt dasselbe Experiment nochmals aufgebaut und durchgeführt werden kann.

Zu jeder wissenschaftlichen Arbeit gehört die mündliche und schriftliche Präsentation der Ergebnisse. Dies sollten die Praktikanten üben, indem sie ihren Mitschülern über Aufbau, Durchführung und Ergebnisse der Versuche berichten und eine schriftliche Ausarbeitung anfertigen.

Präsentation

Diese umfaßt folgende Teile:

Ausarbeitung

1. Überschrift, VerfasserIn, Datum,

2. kurz: Ziel des Experiments, Messprinzip und Ergebnis (Abstract),

3. Theorie, die zum Verständnis des physikalischen Effekts und der Messmethode benötigt wird,

4. Versuchsaufbau mit verwendeten Geräten; Skizze,

5. Versuchsdurchführung; verschiedene Varianten,

6. Auswertung der Messergebnisse mit Fehlerbetrachtung; wo sinnvoll: Statistik, sonst Analyse der möglichen Fehlerquellen und Abschätzung,

7. Weitergehende Überlegungen: Tips für nachfolgende Gruppen, Ideen für die Verbesserung und Fortführung der Messungen und

8. Anhang: Aufzeichnungen bei der Durchführung, Liste der verwendeten Literatur.

Um einen Arbeitsstau zu vermeiden, hilft es den Schülern, wenn die Ausarbeitung am darauffolgenden Praktikumstag abgegeben werden muß.

Noten Wie jede schulische Leistung muß die Arbeit im Praktikum in die Notengebung einbezogen werden. Während die Ausarbeitung problemlos benotet werden kann, ist der Aufbau der Experimente keine Einzelleistung, sondern hoffentlich das Ergebnis einer Zusammenarbeit. Ein Problem ist dabei das Sozialverhalten der Teilnehmer. Aspekte wie Kreativität in der Gruppe und Teamfähigkeit in die Note einzubeziehen, ist schwierig; anderseits macht sich eine intensive Auseinandersetzung mit dem Experiment auch in der Ausarbeitung bemerkbar, weshalb diese wohl die einzig sinnvolle Möglichkeit zur Benotung ist.

Methoden zur Messung und Auswertung

Messen mit dem Multimeter

Ein Multimeter ist ein Messgerät für mehrere elektrische Größen, die mit einem Wahlschalter oder mit Tasten und einem Menü ausgewählt werden können. Die früher üblichen Drehspulinstrumente sind inzwischen weitgehend abgelöst durch elektronische Digitalmultimeter (DMM), die oft einen Ausgang zur seriellen Schnittstelle des Computers haben und die Registrierung von Messwerten ermöglichen.
Hier werden die wichtigsten Funktionen von Digitalmultimetern erklärt. Für ausgefallenere Messungen sollte das Handbuch herangezogen werden.

Einstellung des Multimeters für eine Messung

Die Auswahl der Messgröße und des Messbereichs geschieht über die Einstellung des Wahlschalters bzw. im Menü und über die Wahl der Anschlussbuchsen.
Der Anschluss mit der Beschriftung COM (common) wird für alle Messungen verwendet. Dort wird das erste Messkabel eingesteckt. Das zweite Messkabel muß in die zur Messgröße gehörenden Buchse gesteckt werden. I.a. ist am Wahlschalter des DMM die entsprechende Maßeinheit angegeben.

> **Vorsicht!**
> Der häufigste Fehler bei der Verwendung des DMM ist das Anlegen einer *Spannung* an einen *Stromstärke*-Eingang des Messgeräts. Dies führt unweigerlich zu einer Überlastung und im besten Fall zum Ansprechen der eingebauten Sicherung. Dies gilt auch für ausgeschaltete DMM!
> Deshalb ist es am besten, **das Multimeter nach der Benutzung auf den *Spannungs*messbereich zu stellen** und die Messkabel auszustecken.

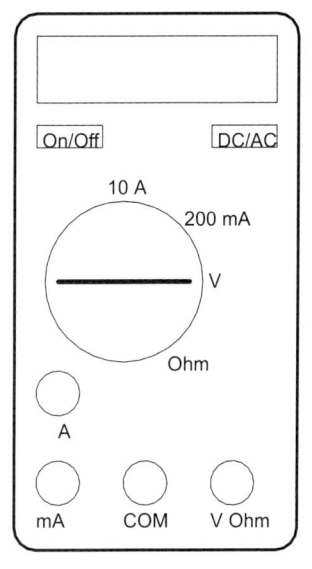

Abb. 1: Übliche Anordnung der wichtigsten Bedienungselemente

16 Methoden zur Messung und Auswertung

Ein wichtiger **Tipp zur Schonung der Batterien**: Bevor das Gerät in den Schrank wandert, muss es ausgeschaltet werden!

Anschluss bei der Messung von Spannungen und Stromstärken

Zur Messung von *Spannungen* bleibt der Stromkreis unverändert. Schließen Sie die Anschlussleitungen an den beiden Punkten an, zwischen denen die Spannung bestimmt werden soll.

Für *Stromstärken* wird der Stromkreis an der Stelle unterbrochen, an der diese gemessen werden soll. Schließen Sie das Multimeter so an, dass der Strom hindurchfließt.

Beispiel
In der Abbildung 1 misst DMM 1 den Spannungsabfall am Widerstand R1 und DMM 2 die Stromstärke im Gesamtstromkreis.

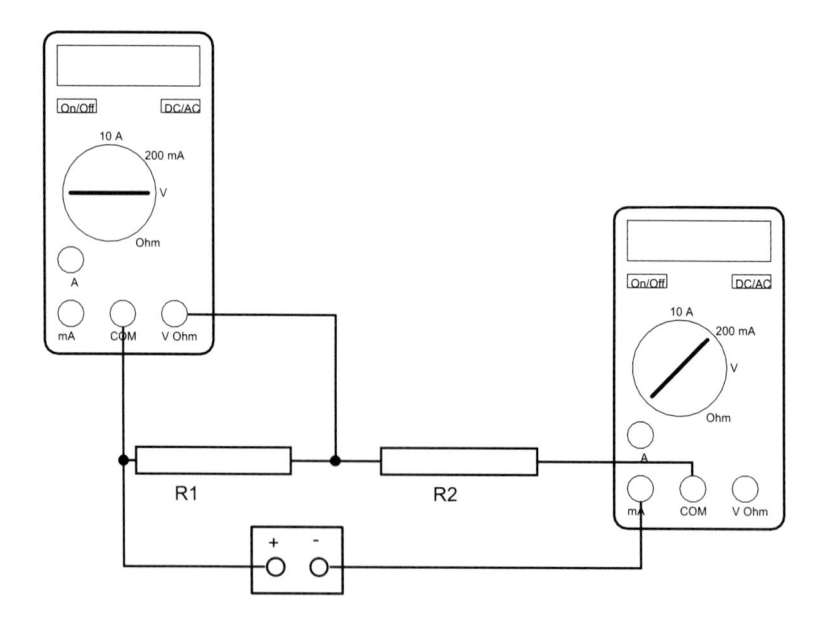

Abb. 2: Einfaches Beispiel für die Messung von Stromstärke und Spannung

Messen mit dem Computer: Digitalmultimeter (DMM)

Sofern eine entsprechende Schnittstelle vorhanden ist, lassen sich die Messwerte von DMM mit Hilfe des Computers leicht registrieren und speichern. Dazu werden die DMM an serielle Schnittstellen des Computers angeschlossen. Die gespeicherten Werte können dann mit einer Tabellenkalkulation dargestellt und ausgewertet werden.
Die Erfassung der Messwerte geschieht mit entsprechender Software. Je nach Programm können bis zu 4 DMM gleichzeitig betrieben werden (s.u.).
Der Vorteil der Verwendung von DMM ist der (relativ) geringe Preis und die Möglichkeit, alle mit einem DMM erfassbaren Größen, also auch Temperatur, Stromstärke oder Frequenz, registrieren zu können. Der Nachteil ist allerdings, dass höchstens zwei Messwerte in der Sekunde erfaßt werden.
Zur Vorbereitung der Messung muß eingestellt werden, an welcher Schnittstelle (COM1, ..) das DMM angeschlossen ist.
Bei der Übertragung der Messwerte wird auch der Messbereich und die Messgröße übermittelt.
Bemerkung für „Insider": Schon der Anschluss von zwei DMM an zwei serielle Schnittstellen ist bei gleichzeitigem Betrieb einer seriellen Maus ein kleines Kunststück. Zwar können vier serielle Schnittstellen im Computer installiert werden, aber davon benützen jeweils zwei den selben Interrupt, was zu Störungen führt. Manche Schnittstellenkarten erlauben ein Ausweichen auf einen anderen Interrupt, möglich ist auch die Verwendung eines anderen PS2-Mausanschlusses.

Es gibt folgende Betriebsmöglichkeiten:

Erfassung von Messwerten in einer Tabelle
Die Aufzeichnung der Werte erfolgt bei Anklicken eines bestimmten Buttons oder bei Drücken einer Funktionstaste. Oft wird dabei gleichzeitig die Systemzeit gespeichert.

Langzeit-(Speicher-)Oszilloskop
Die Aufzeichnung der Werte erfolgt in vorher eingestellten Zeitschritten zwischen 0,5 Sekunden und ca. 30 Minuten. Der Start geschieht durch Mausklick oder Drücken einer Funktionstaste.

X-Y-Schreiber

Die Messwerte zweier DMM werden bei Anklicken eines bestimmten Buttons oder bei Drücken einer Funktionstaste registriert.

Bearbeitung der gespeicherten Messwerte

Jedes Datenerfassungs-Programm bietet die Möglichkeit zur Speicherung der erfassten Messwerte. Allerdings sind die Formate der gespeicherten Werte sehr unterschiedlich. Deshalb kann es notwendig sein, mit Hilfe einer Textverarbeitung die Darstellung der Messwerte so zu verändern, dass sie für die verwendete Tabellenkalkulation auch verständlich ist.

Beispiel
Viele Erfassungsprogramme verwenden einen Dezimal*punkt*. Dieser kann dann in der ganzen Tabelle auf einmal mit der Funktion *Suchen / Ersetzen* der Textverarbeitung durch ein Dezimal*komma* ersetzt werden.

Beispiel: Kennlinie einer Halbleiterdiode

Mit zwei DMM wird die Abhängigkeit der Stromstärke in einer Halbleiterdiode von der anliegenden Spannung registriert.
Der Schutzwiderstand sorgt dafür, dass die Stromstärke nicht über den für die Diode zulässigen Wert ansteigt.

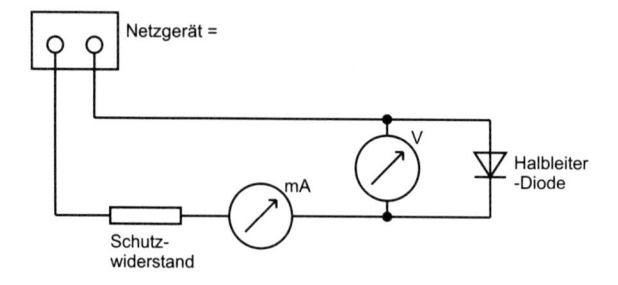

Abb. 1: Versuchsaufbau zur Aufnahme einer Kennlinie

Messen mit dem Oszilloskop

Allgemeines

Oszilloskope stellen in der **Y-t-Betriebsart** mit Hilfe einer Braunschen Röhre den zeitlichen Verlauf von elektrischen Spannungen dar. Dabei bewegt sich ein Lichtpunkt mit konstanter Horizontalgeschwindigkeit von links nach rechts. Die Ablenkung nach oben und unten entspricht der am Eingang anliegenden Spannung. In der **X-Y-Betriebsart** erfolgt die Darstellung eines Kanals auf der X-Achse, des anderen auf der Y-Achse.
In neuerer Zeit bieten auch Computer-Messsysteme Oszilloskop-Funktionen (siehe „Messen mit dem Computer: Interfaces").
An den Eingängen eines Oszilloskops können nur Spannungen gemessen werden. Die Messung von Stromstärken ist möglich, indem der Spannungsabfall an einem bekannten ohmschen Widerstand bestimmt wird (s.u.).
Die meisten gängigen Oszilloskope bieten die Möglichkeit, die Spannungen an zwei Eingängen gleichzeitig darzustellen. Dabei muß es sich um periodische Vorgänge handeln, die sich mit einer Frequenz von ca. 1 Hz bis 10^7 Hz wiederholen. Damit ein stehendes Bild entsteht, muß die selbe Phase des Spannungsverlaufs immer an der selben Stelle des Bildschirms aufgezeichnet werden. Dies wird durch *triggern* erreicht: Die Aufzeichnung beginnt immer beim Über- bzw. Unterschreiten eines bestimmten eingestellten Spannungswertes, der Triggerschwelle.
Speicheroszilloskope und Computermesssysteme sind in der Lage, auch einmalige Vorgänge aufzunehmen und zu speichern.

Einstellung des Oszilloskops für eine Messung

Auf den ersten Blick sieht das Bedienungsfeld eines Oszilloskops sehr verwirrend aus. Die meisten Oszilloskope bieten mehr Funktionen als wir für die Schule brauchen. Hier werden die Grundfunktionen eines Zweistrahl-Oszilloskops ohne Speicher vorgestellt. Speicheroszilloskope entsprechen in ihren Grundfunktionen den Computermesssystemen.

> **Grundsätzlich gilt:**
> An allen Knöpfen außer der Eingangsempfindlichkeit darf gespielt werden, um eine optimale Darstellung zu erzielen.

Anschlüsse

Ein Oszilloskop besitzt i.a. zwei Messeingänge und einen Triggereingang mit BNC-Buchsen. Zum Anschluss an 4mm-Stecker gibt es Adapter; der Masse-Anschluss ist gekennzeichnet. Diese drei Eingänge haben eine **gemeinsame Masse**, was manchmal zu Problemen führen kann (siehe unten: Masseprobleme)

Bedienungselemente (die Nummern entsprechen denen in Abb. 1)

1 *Intensität*: Helligkeit des Strahls; mittlere Helligkeit genügt, zu große Helligkeit führt zu einem frühzeitigen Verschleiß der Bildröhre.
2 *Focus*: Schärfe der Anzeige
3 *Zeitablenkung/Timebase*: Ablenkgeschwindigkeit des Leuchtpunktes im Y-t-Betrieb; 1cm auf dem Schirm entspricht der eingestellten Zeit. Voraussetzung: Der oft vorhandene Drehknopf für die variable Zeiteinstellung steht auf *kalibriert*.
4 *Triggerauswahl*: i.a. wird *intern* mit einem der beiden Kanäle getriggert.
5 *Triggerschwelle/Triggerlevel*: dient zur Einstellung der Spannung, bei der die Aufzeichnung ausgelöst wird; i.a. genügt die Einstellung *auto*.
6 *Flanke*: (In der Abb. nicht vorhanden) Bei den meisten Oszilloskopen kann noch eingestellt werden, ob die Aufzeichnung bei ansteigender oder abnehmender Spannung beginnen soll.
7 *X- bzw. Y-Position*: Verschiebt die Lage des Bildes auf dem Schirm.
8 *Kanalwahl*: Es kann einer der beiden Kanäle oder beide gleichzeitig ausgewählt werden.
9 *X-Y-Betrieb*: Umschaltung zum X-Y-Betrieb. Bei manchen Oszilloskopen wird der X-Y-Betrieb am Drehschalter für die Zeitablenkung (3) eingestellt.
10 *Art der Eingangsspannung*:
　∼ bzw. *AC*: Nur der Wechselspannungsanteil wird gemessen. Gleichspannungsanteile werden unterdrückt.
　$\simeq$ bzw. *DC*: Wechsel- und Gleichspannungsanteile werden angezeigt.
　0 bzw. *GRD*: Der Eingang ist vom Anschluss getrennt und auf Masse gelegt.

11 *Empfindlichkeit des Eingangs*: 1cm auf dem Schirm entspricht der eingestellten Spannung. Voraussetzung: Der oft vorhandene Drehknopf für die variable Spannungseinstellung steht auf *kalibriert*.
Vorsicht: Wahlschalter vor Beginn jeder Messung und nach dem Gebrauch des Oszilloskops auf die höchste Spannung drehen.

12 *Kanal invertieren*: Es wird -Y angezeigt. Die Y(t)-Kurve wird an der horizontalen Nullinie gespiegelt.

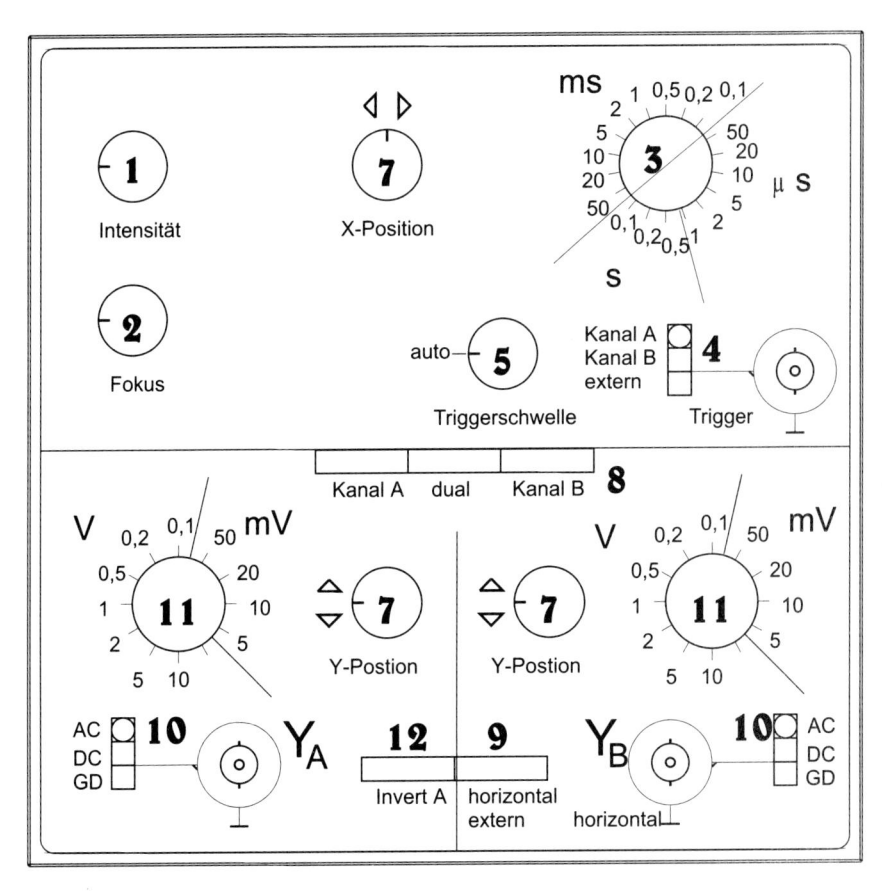

Abb. 1: Bedienungsfeld eines Oszilloskops. Die Bezeichnungen entsprechen denen auf der vorigen Seite.

Messung von Stromstärken

Da Oszilloskope nur Spannungen messen können, muß die Stromstärke über den Spannungsabfall an einem ohmschen Widerstand bestimmt werden. Ist keiner in der zu messenden Leiterschleife vorhanden, muß er eingebaut werden. Der Wert sollte so klein wie möglich sein, um die Schaltung möglichst wenig zu verändern. Andererseits muß er groß genug sein, um noch eine für die minimale Eingangsempfindlichkeit ausreichende Spannung nachweisen zu können.

Masseprobleme

Bei vielen Messungen mit einem Zweistrahl-Oszilloskop oder einem Computer-Interface, bei dem die Eingäng ein gemeinsame Masse haben, können unbeabsichtigt Kurzschlüsse entstehen (Abb. 2). Es können also nur Spannungen gemessen werden, die einen gemeinsamen Bezugspunkt besitzen.
Ist es wichtig, die richtige Phasenbeziehung anzuzeigen, kann es notwendig sein, einen der Kanäle zu invertieren (**12**) (siehe Beispiel unten).

Beispiel: Messung von Stromstärke und Spannung bei einem Kondensator im Wechselstromkreis (Abb. 2)

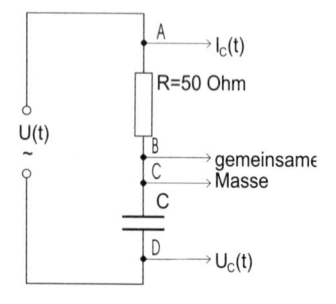

Abb. 2: Anschluss der Messleitungen bei gleichzeitiger Messung von Stromstärke und Spannung; für die gemeinsame Masse genügt eine Leitung!

1. Stromstärke

Damit die Stärke des Wechselstromes im Kondensator gemessen werden kann, wurde hier der Widerstand R in den Stromkreis eingebaut. Fließt durch ihn ein Strom der Stärke $I_C(t)$, so fällt an ihm die Spannung

$$U_R(t) = R \cdot I(t) \qquad \text{ab.}$$

Wird am Oszilloskop ein Scheitelwert $\hat{U}_R(t) = 3{,}5$ V angezeigt, so beträgt der Scheitelwert der Stromstärke bei einem Widerstand $R = 50\ \Omega$:

$$\hat{I}_C(t) = \hat{U}_R(t) : R = 0{,}07\ \text{A}.$$

2. Masse

Voraussetzung dafür, dass diese Messung überhaupt gelingt, ist die Massefreiheit der Wechselspannungsquelle.

Es kann nur Punkt B an Masse angeschlossen sein: Lägen z. B. die Punkte B und D an Masse, so wäre der Kondensator überbrückt und $U_C(t)$ könnte nicht bestimmt werden. Werden aus Versehen die Punkte A und D mit Masse verbunden, ist sogar die Spannungsquelle kurzgeschlossen, was unangenehme Folgen haben kann.

3. Invertieren eines Kanals

Die unterschiedliche Polung der beiden Spannungen führt zu einer Messung von $-U_C(t)$ und damit zu einer falschen Darstellung der Phasenverschiebung. Um eine richtige Darstellung zu erreichen, muß einer der Kanäle invertiert werden (**12**).

24 Methoden zur Messung und Auswertung

Messen mit dem Computer: Interfaces

Computermesssysteme, auch als Interfaces bezeichnet, bestehen aus einem externen Messgerät mit Buchsen für verschiedene Eingänge und Ausgänge (s.u.). Dieses wird entweder an einer seriellen Schnittstelle oder an einer im Computer eingebauten Steckkarte, die einen schnellen Datenaustausch ermöglicht, angeschlossen. Auf diese Art ist die Aufzeichnung von ca. 50000 Messwerten je Sekunde möglich.

Anschlüsse

Analoge Eingänge
Hier können Spannungen gemessen werden. Stromstärken können über den Spannungsabfall an einem geeigneten Widerstand bestimmt werden (siehe „Messen mit dem Oszilloskop").

Digitale Eingänge
Diese dienen zur Registrierung von digitalen Signalen z.B. bei der Zeitmessung oder der Zählung von Impulsen.

Analoge Ausgänge
Sie ermöglichen die Ausgabe einer Spannung (ca. -10 V bis $+10$ V) zum Steuern und Regeln.

Relais
Das Relais schaltet während der Durchführung eines Experiments einen Stromkreis ein (Arbeitskontakt) oder aus (Ruhekontakt).

Messadapter
Über die obigen Anschlüsse hinaus können mit Hilfe von Adaptern noch viele andere physikalische Größen, wie z.B. die magnetische Flussdichte, elektrische Widerstände oder Wege, registriert werden.

Grundfunktionen der Software

Mit Hilfe der Software ersetzt das Interface grundsätzlich fünf Messgeräte:
1. Multimeter; siehe „Messen mit dem Computer: Digitalmultimeter"

2. Speicheroszilloskop; siehe „Messen mit dem Oszilloskop"
3. X-Y-Schreiber; siehe „Messen mit dem Computer: Digitalmultimeter"
4. elektronische Uhr
5. Impulszähler

Einstellungen für die Grundfunktionen 1 bis 3

Messgröße und Messbereich
Zuerst muß angegeben werden, welche Eingänge benutzt werden und welche Messbereiche verwendet werden sollen. Sehen Sie im Handbuch des Interfaces nach, welchen Eingang Sie zur Messung der gewünschten Messgröße verwenden können.
Die maximale Empfindlichkeit liegt im allgemeinen unter der von DMM, deshalb muss evtl. ein Messverstärker vorgeschaltet werden.

Zeitsteuerung
Bei 1 und 3 kann gewählt werden, ob die Aufzeichnung auf Tastendruck oder automatisch in bestimmten, einstellbaren Zeitabständen erfolgen soll.
Das Speicheroszilloskop (2) arbeitet in jedem Fall automatisch und mit wesentlich kürzeren einstellbaren Zeitintervallen. Da die Zahl der Messwerte begrenzt ist (typischerweise ca. 2000), richtet sich die Länge der Messintervalle dt nach der Gesamtmesszeit t. Da die Messungen i.a. sehr kurz sind, ist ein Start mit der Tastatur meist zu ungenau.

Trigger
siehe „Messen mit dem Oszilloskop"

Beispiel: Dämpfung eines elektromagnetischen Schwingkreises

Einstellungen
Kanal 1: Spannung $U(t)$ -8 V ... +8 V
Kanal 2: Stromstärke (Spannungsabfall an $R = 10\ \Omega$) –800 mA ... + 800 mA
Trigger: 1 V, positive Flanke
Messzeit: $t = 8$ ms, $dt = 20$ µs

Die Versuchsanleitung und den Versuchsaufbau finden Sie bei den Experimenten unter „Der elektromagnetische Schwingkreis".

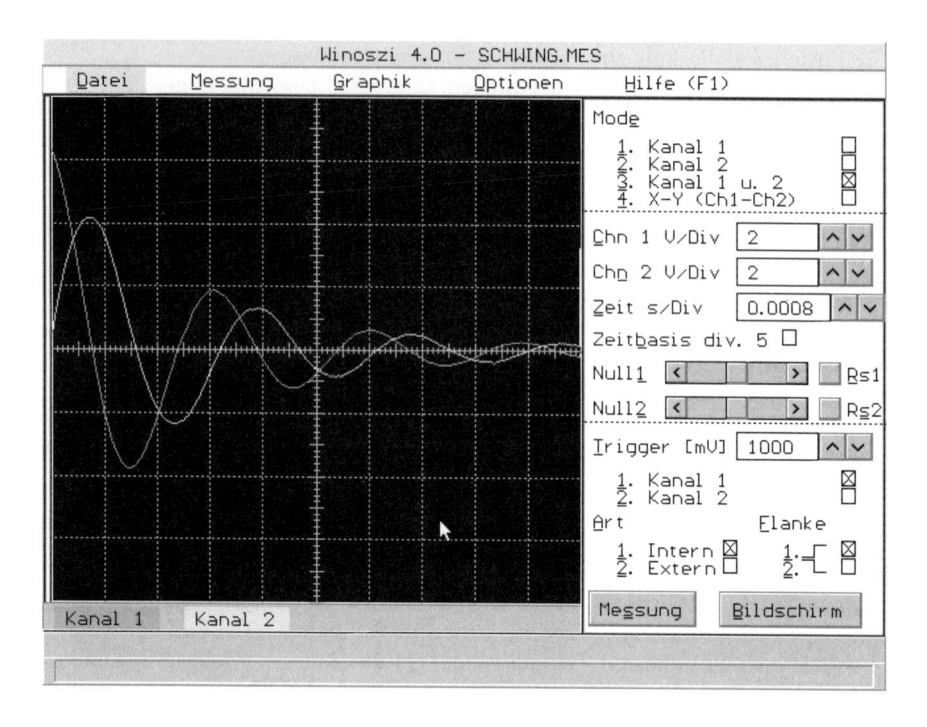

Abb. 1: Bildschirm mit Einstellungen und Schaubildern der Messung mit der Software „Winoszi" (siehe Anhang: Bezugsquellen)

Registrierung und Analyse von Bewegungen I: Videorecorder

Bei der Analyse von Bewegungen, z.b. bei Kollisionen von Fahrzeugen oder in der Bio-Mechanik, spielt die Auswertung von Filmen eine wichtige Rolle. Ohne einen großen Aufwand an Messgeräten kann der zeitliche Verlauf von Bewegungen aufgezeichnet und später analysiert werden.

Aufzeichnung

Bei der Aufzeichnung wird ein 3-dimensionaler Raum auf ein 2-dimensionales Bild abgebildet. Aus diesem Grund ist es wichtig,
- die Kamera so zu positionieren, dass keine Bewegungskomponenten auf die Kamera zu oder von ihr weg auftreten,
- die Kamera möglichst weit vom Objekt entfernt aufzustellen, um parallaktische Fehler zu vermeiden und
- die Kamera fest auf einem Stativ zu montieren.

Bei jeder Aufnahme muß ein Gegenstand bekannter Größe mit abgebildet sein, um bei der Auswertung eine Längenkalibrierung vornehmen zu können. Manchmal ist es hilfreich, bestimmte Punkte, z.B. bei Sportaufnahmen die Gelenke, mit Aufklebern besonders zu markieren.
In manchen Fällen ist die gleichzeitige Aufzeichnung einer Uhr sehr nützlich.

Auswertung am Bildschirm

Hierzu braucht man einen Video-Recorder oder Camcorder mit Einzelbildwiedergabe.
In der ersten Phase wird eine Kunststofffolie vor den Bildschirm gebracht; sie hält wegen der elektrostatischen Aufladung von alleine. Bild für Bild wird nun die Position markanter Punkte mit einem Folienschreiber gekennzeichnet und Anfang und Ende der Strecke zur Kalibrierung markiert.
In der zweiten Phase werden dann die Koordinaten der Marken auf der Folie möglichst genau bestimmt, in einer Tabelle festgehalten und mit Hilfe des Maßstabes in reale Koordinaten umgerechnet.

Registrierung und Analyse von Bewegungen II: Video, Computer

Auswertung mit Hilfe eines Computers

Zum Digitalisieren von kurzen Videosequenzen gibt es Computer mit speziellen Steckkarten, an die als Quelle ein Videorecorder oder eine Videokamera angeschlossen wird. Dies hat gegenüber der Aufzeichnung auf Band den Vorteil, dass ein Film ohne Bandverschleiß immer wieder abgespielt und analysiert werden kann und dass das Standbild wesentlich besser ist.

Die Auswertung eines Videofilms wird hier mit Hilfe von DIVA, einer speziellen Auswertungssoftware von Claus Dziarstek, Uni Augsburg, dargestellt. Es werden nur die einzelnen Schritte der Digitalisierung und Auswertung beschrieben. Genauere Auskunft über die einzelnen Menüpunkte und weitere Details gibt das Handbuch.

Abb. 1: Computerbildschirm der Auswertung eines Trampolinsprunges mit DIVA

Video-Capturing

1. Einstellung der *Bildgröße* und des *Bildformates*: Die Bildgröße gibt die Zahl der Pixel des aufgenommenen Bildes an. Da eine bessere Auflösung die Messgenauigkeit verbessert, sollte sie möglichst groß sein. Das Bildformat bestimmt die Genauigkeit der Farbwiedergabe; 15 bit reichen vollkommen aus, da es auf die Farbe i.a. nicht so genau ankommt.
2. Die *Bildrate* sollte sich nach der Geschwindigkeit des aufzuzeichnenden Vorganges richten.

Bemerkung
Je höher Bildrate und Bildgröße sind, desto eher kommt die Festplatte an ihre Grenzen. Dann gehen Bilder verloren (dropped frames). Dies wird nach der Aufnahme angezeigt. Deshalb sollte man diese Einstellungen so lange optimieren, bis keine weitere Steigerung ohne Verlust von Bildern möglich ist.

3. Aufzeichnung. Bei einer Aufzeichnung von einem Video-Band sollte das Band einige Sekunden vor dem Capturing gestartet werden, um anfängliche Gleichlaufschwankungen zu vermeiden.
4. Nachdem die richtige Szene aufgenommen wurde, kann die Video-Sequenz als Datei abgespeichert werden. Danach ist sie für die Auswertung verfügbar.
5. Das Video wird in die Filmauswahlliste aufgenommen und geladen. Mit den Steuerbuttons der Software kann nun in aller Ruhe der interessante Ausschnitt ausgewählt, indem die Anfangs- und Endmarke mit der Maus verschoben werden.
6. Jetzt kommt die eigentliche Auswertung des Films. Zuerst muß der Abbildungsmaßstab ermittelt werden: kalibrieren. Dazu wird Anfang und Ende eines Gegenstandes, dessen Länge bekannt ist, angeklickt und die Länge eingegeben. Außerdem wird ein Koordinatenursprung angegeben.
7. Nun werden Bild für Bild die Positionen eines bestimmten, vorher ausgewählten Punktes des bewegten Objektes angeklickt und dabei automatisch aufgezeichnet.
8. Nach Verlassen der Video-Auswertung stehen die Daten zur Auswertung zur Verfügung. Sie sollten zuerst abgespeichert werden, um Datenverluste zu vermeiden. Direkt aus der Video-Analyse heraus kann die Tabellenkalkulation Excel$^®$ gestartet werden. Die Daten werden dann automatisch in die Tabellenkalkulation übernommen und es werden verschiedene Grafiken angeboten.
Vorsicht: Nicht jede Berechnung ist sinnvoll! Ist die Messung der Ortskoordinaten nicht sehr exakt, dann sind die daraus errechneten Geschwindigkeiten ungenau und die Berechnung von Beschleunigungen sinnlos.

Messfehler und Fehlerrechnung; statistische Schwankungen

Auch bei noch so exakten physikalischen Messungen kommen Ungenauigkeiten vor. Jedes von uns verwendete Messgerät gibt zwar – manchmal digital – auf mehrere Stellen hinter dem Komma genau Messwerte aus; das heißt aber noch lange nicht, dass der angezeigte Messwert mit dem tatsächlichen Wert der zu messenden Größe übereinstimmt.
Eine einfache digitale Stoppuhr zum Beispiel gibt die Zeit auf hundertstel Sekunden genau an. Vergleicht man jedoch die Anzeigen zweier gleichzeitig gestarteter Uhren, so sind häufig Abweichungen erkennbar.
Eine andere Fehlerquelle betrifft die Benutzer der Messgeräte. Im Fall der Stoppuhr wird ein von Hand ausgeführter Start kaum genauer als eine Zehntel Sekunde und eher zu spät sein.
Schließlich kann die Messgröße in nicht durchschaubarer Weise von nicht in die Messung einbezogenen physikalischen Größen abhängen. So sind z.B. elektronische Schaltungen temperaturabhängig und funktionieren nur in einem bestimmten Temperaturbereich gut.
Manchmal spielen auch bei physikalischen Messungen Zufälle, die wie z.B. bei der Radioaktivität in der *Natur der Sache* liegen, eine Rolle. Hier kann die Messung noch so exakt sein, die Werte unterliegen immer statistischen Schwankungen und dürfen nicht mit Messfehlern verwechselt werden.
Die folgenden Überlegungen kommen nicht ohne Mathematik aus, jedoch ist es hier unmöglich alle Grundlagen herzuleiten. Deshalb beschränken sich die Ausführungen auf die Darstellung der Ergebnisse.

Absoluter und relativer Fehler

Ist der tatsächliche Wert einer Größe x_t und der abgelesene Wert x_a, so bezeichnet

$$\Delta x = x_a - x_t \text{ den \textbf{absoluten Fehler} und}$$

$$\frac{\Delta x}{x_a} \text{ den \textbf{relativen Fehler}.}$$

Konstante Fehler

Konstante Fehler sind solche, bei denen – z.b. durch eine falsch eingestellte Uhr oder die Reaktionszeit des Messenden – immer ein bestimmter Betrag zum tatsächlichen Wert addiert oder davon subtrahiert wird. Solche Fehler lassen sich durch die *Bildung von Differenzen* leicht herausrechnen.

Systematische Fehler

Häufig finden wir das Ergebnis eines Experiments nicht direkt als Anzeige *einer* Messgröße sondern durch Berechnung aus mehreren im Experiment gemessenen Größen. Bei der Bestimmung einer Geschwindigkeit z.b. werden wir Wege und Zeiten messen und die Geschwindigkeit daraus errechnen. Dies bedeutet, dass die Messfehler der Einzelmessungen alle zum Fehler des errechneten Wertes beitragen. Zwar ist es möglich, dass der eine Fehler zu einer Abweichung nach oben und der andere zu einer Abweichung nach unten führt und beide sich so teilweise aufheben. Im schlimmsten Fall wirken sich aber alle Fehler in dieselbe Richtung aus. Eine Abschätzung, wie groß der Fehler der errechneten Größe sein kann, erhält man bei bekannten Fehlern der Einzelmessungen nach dem sog. **Fehlerfortpflanzungsgesetz**:
Die zu errechnende Größe y soll aus den gemessenen Größen x_1, x_2, ... , x_k berechnet werden. y ist also eine Funktion von x_1, x_2, ... , x_k.

$$y = f(x_1, x_2, ... , x_k) \ .$$

Sind die Fehler der x_i klein gegenüber den Messwerten, d.h.

$$\Delta x_i << x_i \ , \text{ so gilt:}$$

$$\Delta y = \sum_{i=1}^{k} \left| \frac{\partial f}{\partial x_i} \right| \Delta x_i \ ,$$

wobei in den Betragsstrichen die *partiellen Ableitungen* der Funktion nach der jeweiligen Variablen stehen (bei der partiellen Ableitung nach einer Variablen wird wie gewohnt abgeleitet, während die anderen Variablen als konstant angenommen werden).

32 Methoden zur Messung und Auswertung

> Aus dem Fehlerfortpflanzungsgesetz lassen sich folgende häufig vorkommende **Spezialfälle** ableiten:
> 1. Der *absolute Fehler* einer *Summe* oder *Differenz zweier Größen* $y = x_1 \pm x_2$ ist gleich der *Summe der absoluten Fehler* dieser Größen.
> 2. Der *relative Fehler* eines *Poduktes* $y = x_1 \cdot x_2$ oder *Quotienten* $y = x_1 : x_2$ zweier Größen ist die *Summe der relativen Fehler* dieser Größen.
> 3. Der *relative Fehler* der n-ten Potenz einer Größe, $y = x^n$, ist das *n-fache des relativen Fehlers* dieser Größe.

Zufällige Fehler

Weichen die Messwerte ebenso oft in positiver wie in negativer Richtung vom tatsächlichen Wert ab, so können die Fehler im Prinzip durch häufige Wiederholungen der Messung unter identischen Versuchsbedingungen beliebig verkleinert werden.

Führen wir eine Messung n-mal durch, erhalten wir n nicht unbedingt verschiedene Messwerte m_1, m_2, ... , m_n derselben Größe.

Der **arithmetische Mittelwert** der Messwerte ist

$$\overline{m} = \frac{1}{n}\sum_{i=1}^{n} m_i$$

Dieser Mittelwert stellt i.a. eine gute Näherung des tatsächlichen Wertes dar. Ein Maß, wie stark die einzelnen Messwerte streuen und wie gut die Näherung durch den Mittelwert ist, beschreibt die **Standardabweichung**

$$\sigma = \sqrt{\frac{1}{n}\sum_{i=1}^{n}\left(m_1 - \overline{m}\right)^2}$$

Die Verteilung der Messwerte wird oft in einem **Histogramm** dargestellt. Dazu unterteilt man die Skala der Messgröße m in gleich große Intervalle. In einem Schaubild wird die Häufigkeit $H(m)$ oder die relative Häufigkeit $h(m)$ des Auftretens von Messwerten aus einem Intervall als Balken über dem Intervall dargestellt.

Messfehler und Fehlerrechnung; statistische Schwankungen 33

Beim Übergang zu sehr vielen Messungen und einer immer feineren Unterteilung in Intervalle können Histogramme in die Schaubilder von **Verteilungsfunktionen** übergehen.
Die Messwerte von Größen mit zufälligen Fehlern folgen häufig der **Gaußschen Normalverteilung**. Deren Schaubild ist die **Gaußsche Glockenkurve**. Ihr Maximum liegt beim Mittelwert $\overline{m}$. Im Intervall $[\overline{m} - \sigma, \overline{m} + \sigma]$ liegen dann ca. 68% aller Messwerte.

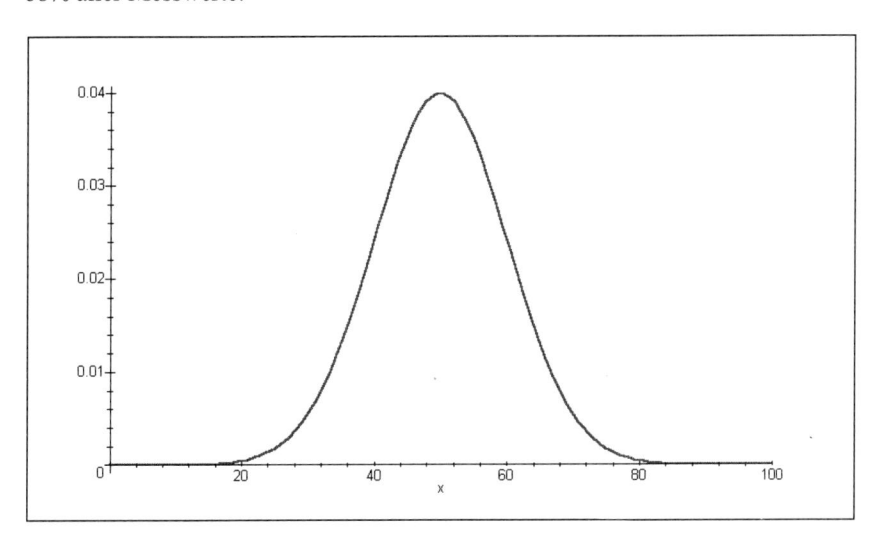

Abb. 1: Gaußsche Glockenkurve mit Mittelwert 50 und Standardabweichung 10

Streuung der Messwerte bei radioaktiven Zerfällen

Gesetzmäßigkeiten von **radioaktiven Zerfällen** beschreiben immer das Verhalten sehr vieler Kerne, während die Zukunft eines bestimmten Kernes nur mit Wahrscheinlichkeiten beschrieben werden kann.
Messungen an radioaktiven Präparaten zeigen statistische Schwankungen, die der **Poisson-Verteilung** folgen. Führt man dasselbe Experiment häufig durch und zeichnet ein Histogramm der Messung, so erhält man eine Kurve, die der in Abb. 2 ähnlich ist.

Die Standardabweichung solcher Messungen beträgt $\sqrt{n}$, wobei n der Mittelwert der Messungen ist. Das bedeutet, dass der relative Fehler um so geringer wird, je größer die Zählrate ist. Bei n = 100 liegen 63% aller Messungen zwischen 90 und 110, die Standardabweichung beträgt also 10% des Mittelwertes. Liegt der Mittelwert dagegen bei 10000, so liegen 63% der Messwerte im Bereich zwischen 9900 und 10100. Die Standardabweichung beträgt also nur 1% des Mittelwertes.

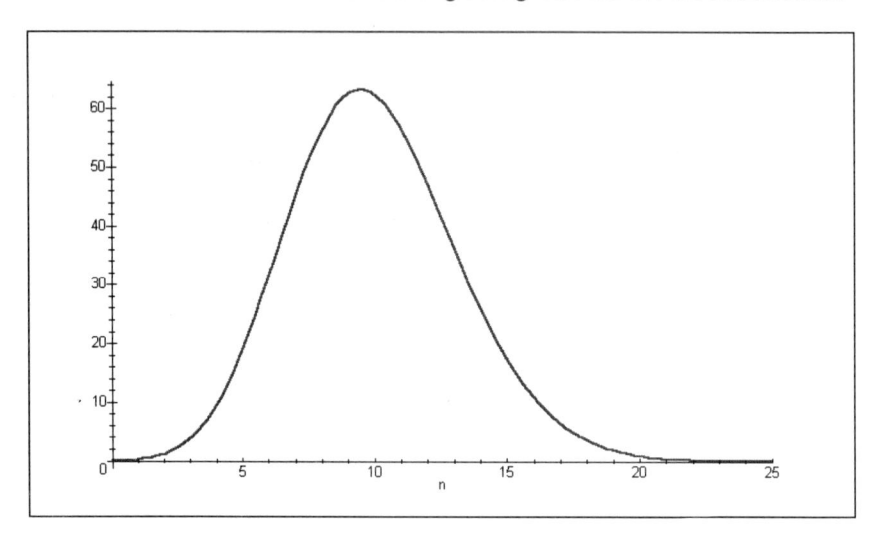

Abb. 2: Poisson-Verteilung mit 500 Experimenten und einem Mittelwert von 10

Angabe der Ergebnisse bei Zahlenwerten und Grafiken

Zahlenwerte mit Fehlergrenzen
Bei der Angabe von Ergebnissen der Auswertung eines Experimentes sollte immer der nach dem Fehlerfortpflanzungsgesetz abgeschätzte Fehler oder bei vielen Messwerten die Standardabweichung mit angegeben werden.
Bei Angaben mit Maßzahl und Einheit sieht das z.B. so aus:

$$g = (9,8 \pm 0,3) \text{ ms}^{-2}.$$

Schaubilder mit Fehlerbalken

Bei Darstellung der Ergebnisse in Schaubildern werden die ermittelten Fehler oft mit Hilfe von Fehlerbalken dargestellt.
Werden beim einem radioaktiven Zerfall die Werte N_i gemessen, so versieht man üblicherweise die zugehörigen Punkte im Schaubild mit vertikalen Fehlerbalken der Länge $2 \cdot \sqrt{N_i}$ (siehe Abb. 3).

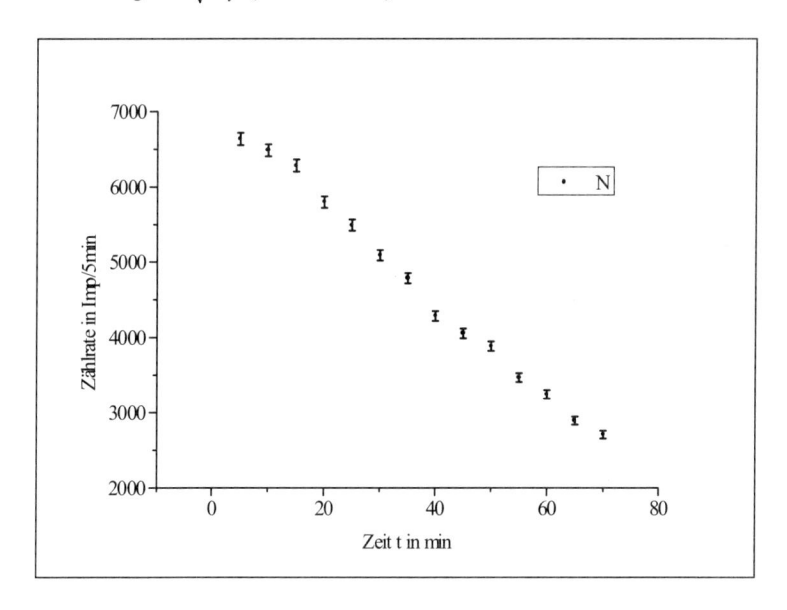

Abb. 3: Zerfallskurve mit Fehlerbalken

Vergleich mit den Literaturwerten

Bei der Ermittlung von physikalischen Konstanten ist die Überprüfung, ob der in den Büchern angegebene Tabellenwert im Fehlerbereich der Messung liegt, ein guter Test für die Qualität der Messung.
Sollte – wie das nicht nur in der Schule ja häufig der Fall ist – der Tabellenwert stark vom im Experiment ermittelten Wert abweichen, dürfen nicht die Messergebnisse „angepaßt" werden. Statt dessen ist die Suche nach möglichen systematischen Fehlern angebracht.

Integration mit Hilfe der Tabellenkalkulation

Viele physikalische Größen lassen sich als Ableitung anderer physikalischer Größen darstellen. So gilt z.B. für die elektrische Stromstärke:
$$I(t) = \dot{Q}(t).$$
Wenn also die Funktion der Ladung in Abhängigkeit von der Zeit $Q(t)$ bekannt ist, können wir die Stromstärke $I(t)$ zu jedem Zeitpunkt berechnen. Der Punkt über dem Q kennzeichnet die Ableitung nach der Zeit.
Umgekehrt lässt sich aus der Funktion der Stromstärke in Abhängigkeit von der Zeit $I(t)$ durch Integration über ein Zeitintervall die in diesem Intervall geflossene Ladung $Q_{1/2}$ berechnen:
$$Q_{1/2} = \int_{t_1}^{t_2} I(t)\,dt.$$
Bei der Aufnahme von Messwerten bei einem Experiment erhalten wir keine Funktion, die – wie in der Analysis – differenziert oder integriert werden könnte, sondern nur eine Reihe von Zahlenwerten.
Auch hier kann – näherungsweise – *differenziert* werden, indem statt der Ableitung der Differenzenquotient verwendet wird:
$$\dot{Q}(t_n) \approx \frac{Q_{n+1} - Q_n}{t_{n+1} - t_n}$$
Bei der *Integration* wird das Zeitintervall [t_1 ; t_2], über das integriert werden soll, durch die Messzeiten t_i in Teilintervalle Δt_i zerlegt. Innerhalb dieser Teilintervalle wird das arithmetische Mittel aus Anfangs- und Endwert als konstanter Funktionswert I_i angenommen. Das Integral wird in diesem Fall ersetzt durch eine Summe:
$$\int_{t_1}^{t_2} I(t)\,dt \approx \sum_i I_i \Delta t_i$$

Anleitung zur Auswertung von Datenreihen am Beispiel der Kondensator-Entladung

Im Folgenden wird die bei der Entladung eines Kondensators geflossene Ladung aus den Messwerten der Stromstärke, die in regelmäßigen Zeitabständen von 0,5s gemessen wurde, mit Hilfe eines Tabellenkalkulationsprogramms berechnet. Die Befehle für die Tabellenkalkulation werden *kursiv* wiedergegeben.

1 Format der Messwerte ändern
Bei der verwendeten Mess-Software werden Dezimalzahlen mit Punkt statt mit Komma dargestellt. damit das Tabellenkalkulationsprogramm Dezimalzahlen als solche erkennt, müssen die Punkte durch Kommata ersetzt werden.
1.1 *Datei Öffnen*: Dateityp *.* als Textverarbeitung
1.2 *Bearbeiten Ersetzen*: . durch ,
1.3 *Datei Speichern*

2 Bearbeiten der Daten
2.1 *Datei Öffnen*
2.2 unbrauchbare Zeilen: *Bearbeiten Ausschneiden*
2.3 Zeiten in Spalte B eintragen:
  - $B2 = 0,5$ (In diesem Fall ist das verwendete Zeitintervall 0,5s.)
  - $B3 = B2 + 0,5$
  - $B3$ und darunter liegende Zellen markieren und *Bearbeiten Unten ausfüllen*
2.4 Teilladungen berechnen
  - $C2 = 0$
  - $C3 = 0,5*(A2+A3)*0,5$ (Als konstanter Ladungswert wird das arithmetische Mittel aus Anfangs- und Endwert im Intervall genommen.)
  - C3 und darunter liegende Zellen markieren und *Bearbeiten Unten ausfüllen*
2.5 Gesamtladung berechnen
  - $D2 = 0$
  - $D3 = D2 + C3$
  - $D3$ und darunter liegende Zellen markieren und *Bearbeiten Unten ausfüllen*

3 Diagramm erstellen
3.1 *Diagramm Erstellen Punktdiagramm*
3.2 Stromstärke über der Zeit auftragen
  - *Datei Bearbeiten Datenreihen...*
  - Y-Datenreihe *A2-An* (*An* ist die letzte Zelle der Tabelle, in der ein Messwert steht.)
  - X-Datenreihe *B2-Bn*
3.3 Beschriftung der Achsen
  - *Datei Bearbeiten Titel...*
  - Diagrammtitel: Entladung eines Kondensators
  - X-Achse: Zeit in s
  - Y-Achse: Stromstärke in mA

38 Methoden zur Messung und Auswertung

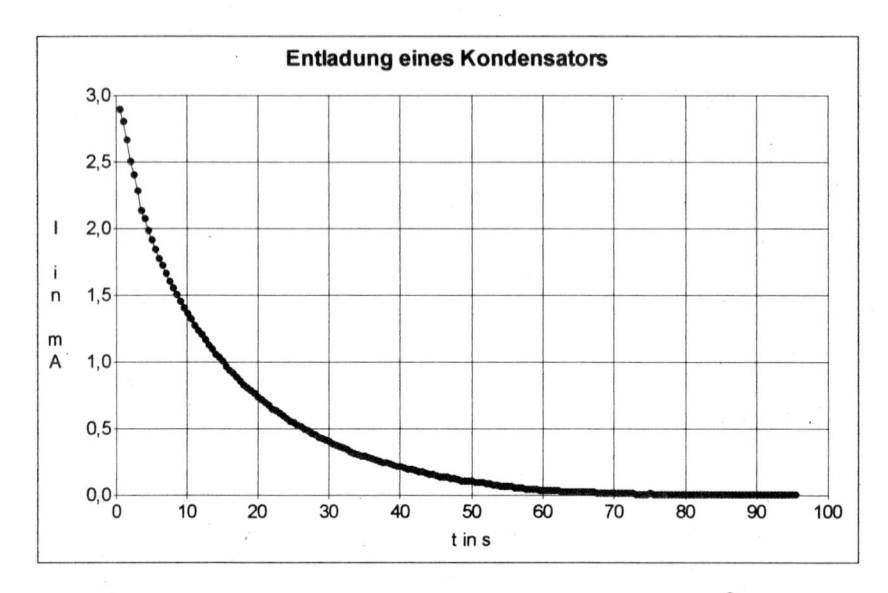

Abb. 1: Schaubild der I(t)-Messung; erstellt mit Works®

Abb. 2: Ansicht der ersten Zeilen der Tabellenkalkulation zur Integration

	A	B	C	D
1	I(t)	t	delta Q	Q
2	2,9	0,5	0	0
3	2,81	=B2+0,5	=0,5*(A2+A3)*0,5	=D2+C3
4	2,67	=B3+0,5	=0,5*(A3+A4)*0,5	=D3+C4
5	2,51	=B4+0,5	=0,5*(A4+A5)*0,5	=D4+C5
6	2,41	=B5+0,5	=0,5*(A5+A6)*0,5	=D5+C6
7	2,29	=B6+0,5	=0,5*(A6+A7)*0,5	=D6+C7

Vorhersage von Versuchsergebnissen, Simulation

Die Beschreibung physikalischer Vorgänge setzt immer Modellvorstellungen voraus. Modelle ermöglichen die Bildung und Verwendung physikalischer Begriffe und damit das Gespräch über die beschriebenen Vorgänge. Sie abstrahieren in der Regel von störenden Einflüssen und fassen die Beobachtungen vieler Phänomene zu grundlegenden Gesetzmäßigkeiten zusammen. Diese bilden die Grundlage für die Vorhersage von Vorgängen in unserer Umwelt und im Experiment.
Qualitative Aussagen sind dabei einfacher zu treffen, aber Naturwissenschaftler werden immer anstreben, auch quantitative Ergebnisse zu bekommen.

Die einfachste Art, quantitative Vorhersagen zu treffen, ist die *Verwendung von Formeln*:
Beispiel 1: Beschleunigung eines Zuges.
Ein Zug, der aus dem Stand mit einer Beschleunigung $a = 0,8$ ms^{-2} gleichmäßig beschleunigt wird, hat wegen $v = at$ nach 10 s die Geschwindigkeit 8 ms^{-1}.

Jedoch sind die zu betrachtenden Vorgänge oft komplizierterer Natur und deshalb nur durch Gleichungen oder Gleichungssysteme zu beschreiben, die mit den zur Verfügung stehenden mathematischen Mitteln schwer oder manchmal überhaupt nicht allgemein zu lösen sind. In diesem Fall können wir versuchen, schrittweise vorzugehen und für kleine Zeitintervalle Näherungen zu finden, mit denen leichter zu rechnen ist.
Dies kann mit einem vernünftigen Zeitaufwand nur mit einem Computer geschehen. Die Vorgänge in der Natur werden dann dort nachgeahmt, also **simuliert.**
Ein Beispiel für eine Simulation wird hier mit Hilfe einer Tabellenkalkulation (Works®) gezeigt:
Beispiel 2: Ungedämpftes und gedämpftes Pendel
1. Schritt (Zeile 2): Alle für die Schwingung wichtigen physikalischen Größen werden in eine Zeile geschrieben. In diesem Fall sind das: Die Zeit t, die Auslenkung s, die Geschwindigkeit v, die Rückstellkraft F, die Dämpfungskraft Fd und die Beschleunigung a. Sollte zu Beginn eine Größe vergessen werden, ist das nicht schlimm, da weitere Spalten eingefügt werden können.
2. Schritt (Zeile 3): Eingabe der Anfangsbedingungen: Zur Zeit $t = 0$ s soll das Pendel um $s = 0,1$ m ausgelenkt sein und die Geschwindigkeit $v = 0$ ms^{-1} besitzen.

3. Schritt (Zeile 3): Nach diesen Anfangsbedingungen berechnen sich die Rückstellkraft nach $F = -Ds$ und die Beschleunigung nach $a = (F-Fd)/m$. Von der Dämpfung wird erst einmal abgesehen (s.u.).
4. Schritt (Zeile 4 und 5): Die Zeit wird um $dt = 0,1$ s hochgesetzt. Aus der Beschleunigung zur Zeit $t = 0$ s wird mit der Näherung, dass diese konstant bleibt, die mittlere Geschwindigkeit im Intervall [0s;0,1s] nach $v = a \cdot 0,5 \cdot dt$ berechnet. In den Zellen darunter gilt $v_{i+1} = v_i + a \cdot dt$.
5. Schritt (Zeile 4): Mit der Näherung einer konstanten Geschwindigkeit errechnet sich die Auslenkung $s = s_0 + v \cdot dt$.
6. Schritt (alle Zellen darunter): Die Schritte 3 bis 5 werden so oft wiederholt, bis das Verhalten des Systems sichtbar wird. In diesem Beispiel sind 200 Schritte ausreichend. Erreicht wird dies durch die Markierung der entsprechenden Zellen und der Eingabe *Bearbeiten / Unten ausfüllen*.

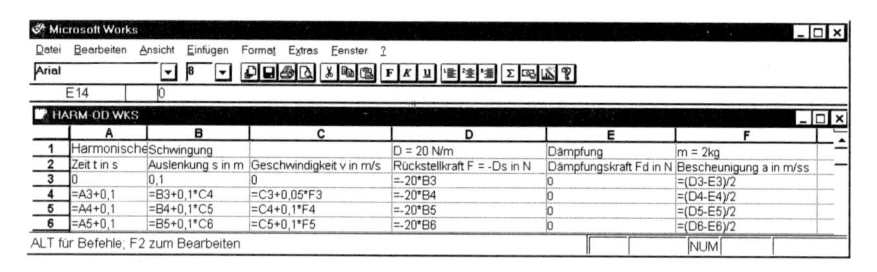

	A	B	C	D	E	F
1	Harmonische	Schwingung		D = 20 N/m	Dämpfung	m = 2kg
2	Zeit t in s	Auslenkung s in m	Geschwindigkeit v in m/s	Rückstellkraft F = -Ds in N	Dämpfungskraft Fd in N	Beschleunigung a in m/ss
3	0	0,1	0	=-20*B3	0	=(D3-E3)/2
4	=A3+0,1	=B3+0,1*C4	=C3+0,05*F3	=-20*B4	0	=(D4-E4)/2
5	=A4+0,1	=B4+0,1*C5	=C4+0,1*F4	=-20*B5	0	=(D5-E5)/2
6	=A5+0,1	=B5+0,1*C6	=C5+0,1*F5	=-20*B6	0	=(D6-E6)/2

7. Schritt: Nach dieser Vorbereitung ist die Einführung einer Dämpfungskraft nicht mehr schwer :
   a) $Fd = C1 \cdot v / abs(v)$ für eine konstante Reibungskraft ($v / abs(v)$ sorgt dafür, dass die Reibungskraft der Bewegung entgegenwirkt),
   b) $Fd = C2 \cdot v$ für eine Reibungskraft proportional zur Geschwindigkeit, wie z.B. bei elektromagnetischer Induktion.
   c) $Fd = C3 \cdot v^2 \cdot v / abs(v)$ für eine Reibungskraft proportional zum Quadrat der Geschwindigkeit, wie z.B. bei Luftreibung. C1 bis C3 sind Konstanten.

Die Schaubilder der Ergebnisse der Simulationen finden Sie im Anhang.

Die Simulation mit Hilfe von *Modellbildungssystemen* soll hier nur erwähnt werden. Näheres ist in der gängigen Literatur zu finden, z.B. [1].
Ein *Basic-Programm* zur Simulation der harmonischen Schwingung findet sich in [4].

Experimente

Schema der Versuchsanleitungen

Hier handelt es sich um eine Auswahl von Experimentiervorschlägen, die keinen Anspruch auf Vollständigkeit erhebt. Es gibt viele interessante und spannende Experimente, die an anderen Orten beschrieben sind. Die Vorschläge gliedern sich alle nach einer kurzen Einführung in die folgenden sechs Teile, deren Reihenfolge dem Vorgehen beim Experimentieren entspricht: Geräte und Materialien beschaffen – aufbauen – experimentieren – auswerten. Damit Sie sich aber überhaupt auf ein Experiment vorbereiten können, müssen Sie wissen, was gemessen werden soll und welche Messmethoden angewandt werden. Deshalb ist es wichtig, **erst einmal die gesamte Anleitung durchzulesen**, bevor Sie sich an die Arbeit machen.

Hinweise und Aufgaben zur Vorbereitung

Unvorbereitet Experimente durchführen zu wollen ist in den meisten Fällen sinnlos. Meistens sind die physikalischen Grundlagen für ein Experiment nicht mehr so gegenwärtig, dass man sofort einsteigen kann. Sollen dann zu Beginn des Praktikums erst grundlegende Fragen geklärt werden, verstreicht die Zeit, ohne dass experimentiert werden kann.
Um die Vorbereitung etwas zu erleichtern, finden Sie in diesem Abschnitt Themen und Begriffe aufgeführt, mit denen Sie sich vor dem Praktikum – am besten gemeinsam mit Partnerin oder Partner – beschäftigen sollten, um möglichst viel vom Experiment zu haben.

Geräte

Die in diesem Abschnitt aufgeführten Geräte und Materialien entsprechen nicht unbedingt den an Ihrer Schule vorhandenen. Die meisten lassen sich jedoch durch andere ersetzen. Hier ist etwas Improvisation und Absprache mit der Lehrerin oder dem Lehrer angesagt.
Überzeugen Sie sich auf jeden Fall vor dem Praktikumstermin, ob alle benötigten Geräte vorhanden sind.

Messmethoden

Hinweise in diesem Abschnitt beziehen sich oft auf die im zweiten Teil beschriebenen Methoden oder beschreiben im Einzelfall solche, die nur für dieses Experiment benötigt werden.

Hinweise zum Versuchsaufbau

Hier finden Sie Abbildungen von Versuchsaufbauten, mit denen das Experiment durchgeführt werden kann und Tipps, die das Experimentieren erleichtern sollen. Dass es sich bei den Darstellungen nur um Vorschläge handelt, die nach Bedarf verändert werden sollen, versteht sich von selbst.

Experimentelle Aufgaben

Diese Aufgaben sollten als Anregung und nicht als starrer Rahmen betrachtet werden.
Oft wird die Aufgabenstellung über das in einer Doppelstunde Machbare hinausgehen. Es liegt in der Entscheidung der Lehrerin bzw. des Lehrers oder auch der Praktikanten, eine geeignete Auswahl zu treffen oder das Experiment auf einen längeren Zeitraum auszudehnen.
Selbstverständlich gibt es auch während des Experimentierens immer wieder Ideen für weitere Versuche. Die Aufgabenstellung ist sicher nicht vollständig, und selbst ersonnene Versuche sind oft die interessantesten.

Aufgaben zur Auswertung

Die Auswahl dieser Aufgaben orientiert sich an den durchgeführten Experimenten.
Hier sind nicht die selbstverständlichen Aufgaben nach dem Experiment, wie Darstellung der zugrunde liegenden Theorie, Beschreibung des Experiments oder Dokumentation der Ergebnisse aufgeführt (siehe „Anleitung zum Physikpraktikum").
Soweit sinnvoll sollte eine Fehlerbetrachtung angestellt werden.

Hebel am Körper

Der Bewegungsapparat des Menschen besteht aus Knochen, Gelenken, Sehnen, Bändern und Muskeln. Nicht nur im Sport ist es sehr wichtig, diese Teile unseres Körpers richtig einzusetzen. Wir können bei richtigem Einsatz Kaffe trinken, Kunststücke lernen und besondere Leistungen erbringen.
Gehen wir verständig mit unserem Körper um und schonen wir Gelenke, Sehnen und Muskeln, so halten diese länger, und es bleiben uns Schmerzen erspart.

Hinweise und Aufgaben zur Vorbereitung

Beschäftigen Sie sich mit dem Bewegungsapparat des Menschen, besonders mit den Gelenken und den Angriffspunkten der Sehnen. Ziehen Sie dazu Literatur und das in der Biologiesammlung vorhandene Skelett zu Rate.
Beschäftigen Sie sich mit dem Thema *Hebelgesetz*. Klären Sie die Begriffe *Kraftarm*, *Lastarm* und *Drehmoment*.
Wiederholen Sie die Themen *Gleichmäßig beschleunigte Bewegung* und *Senkrechter Wurf nach oben: Steighöhe*.

Geräte

▷ Skelett als Anschauungsmaterial
▷ Schieblehre
▷ Maßstab
▷ Bodenwaage

▷ Kraftmesser
▷ Diverse Wägesteine >5 kg oder
▷ Eimer
▷ Stoppuhr

Messmethoden

Kraftmessung mit der Federwaage.
Bestimmung der Gewichtskraft von Wägesteinen bzw. Wassereimer.
Bestimmung einer nach oben ausgeübten Kraft durch Messung der scheinbaren Gewichtszunahme mit Hilfe einer Bodenwaage.

44 Experimente

Hinweise zum Versuchsaufbau

Belasten Sie Ihren Körper nur vorsichtig und nicht über das zuträgliche Maß hinaus. Das gilt auch für Testpersonen, die sich für Ihre Experimente zur Verfügung stellen.
Auch die Federkraftmesser und die evtl. verwendeten Möbel haben eine „Schmerzgrenze"!

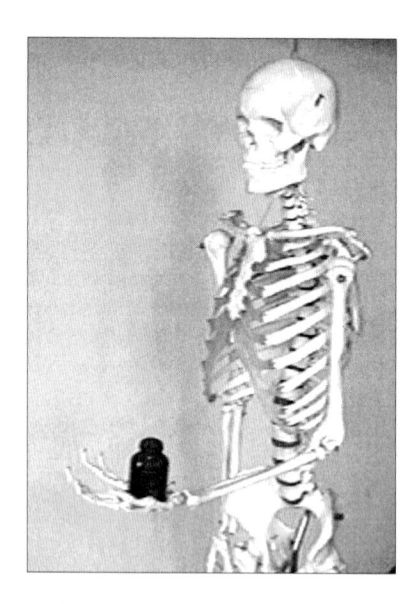

Abb. 1: „Hugo" mit Wägestein

Experimentelle Aufgaben

Messen Sie in den folgenden Situationen jeweils die unten angegebenen von außen auf den Körper wirkenden Kräfte und bestimmen Sie durch Ertasten am eigenen Körper und am Skelett aus der Biologie-Sammlung (an unserer Schule heißt es „Hugo") die Längen der auftretenden Hebel.

1. Halten Sie einen Eimer mit Wasser oder Wägestein mit angewinkeltem Unterarm und vertikalem Oberarm. Testen Sie, wieviel Sie schaffen!

2. Wie 1. mit horizontal ausgestrecktem Arm.
3. Stellen Sie sich auf eine Bodenwaage und ziehen Sie die Sitzfläche eines mit einem „gewichtigen" Mitschüler besetzten Stuhles so stark Sie können nach oben. Sorgen Sie dafür, dass Ihr Rücken dabei gerade bleibt.
4. Wie 3. mit „rundem" Rücken.
5. Springen Sie aus dem Stand so hoch wie möglich und bestimmen Sie dabei den Beschleunigungsweg, die Beschleunigungszeit und die Sprunghöhe.

Aufgabe zur Auswertung

Berechnen Sie für die ausgeführten Experimente die in den Gelenken und Sehnen auftretenden Kräfte.

Die Beschleunigung im 5. Experiment lässt sich auf drei Wegen berechnen:

1. Aus Beschleunigungsweg und Beschleunigungszeit oder
2. indem aus der Steighöhe zuerst die Geschwindigkeit beim Abheben berechnet wird und anschließend entweder mit Hilfe der Beschleunigungszeit oder
3. des Beschleunigungsweges die Beschleunigung ermittelt wird.

Fallbewegungen

Bewegungen unter dem Einfluß der Schwerkraft sind häufig zu beobachten; allerdings unterliegen sie meist auch dem Luftwiderstand. Dieser kann vernachlässigt werden, wenn er, wie z.b. beim Fall einer Stahlkugel auf den ersten Metern, gering ist gegenüber der Gewichtskraft. Hier genügt es zur Beschreibung der Bewegung, sich die Masse im Schwerpunkt vereinigt vorzustellen.
Fallbewegungen kommen auch im Sport oft vor. Da aber bei einem menschlichen Körper nicht von einem Massenpunkt ausgegangen werden kann, sind die Bewegungen meist komplizierter.
In diesem Experiment soll trotzdem auf den einfachen (fast) freien Fall einer Stahlkugel nicht verzichtet werden, auch um ihn anschließend mit komplizierteren Bewegungen zu vergleichen.

Hinweise und Aufgaben zur Vorbereitung

Wiederholen Sie die Themen *Schwerpunkt* und *Freier Fall*.

Geräte

▷ Stahlkugel
▷ Lampe zur Beleuchtung
▷ Videokamera mit Kurzbelichtung

▷ evtl. Computer zur Digitalisierung
und Auswertung der Filme

Messmethode

Registrierung von Bewegungen mit Video und Computer.

Hinweise zum Versuchsaufbau

Beachten Sie die Hinweise zur Aufzeichnung von Bewegungen.
Bei der Aufzeichnung schneller Bewegungen sollten Sie eine Kamera verwenden, bei der die Belichtungszeit des Einzelbildes eingestellt werden kann. Dies ist bei der meisten Kameras mit eingebautem Recorder der Fall. Andernfalls

werden die Bilder unscharf und können nur schlecht ausgewertet werden (siehe Abb. 1)

Experimentelle Aufgaben

1. Registrieren sie den freien Fall einer Stahlkugel mit Video.
2. Betrachten Sie den Sprung eines Menschen vom Tisch. Registrieren Sie die Bewegung a) eines Fußes, b) einer Hand und c) z.B. der Gürtelschnalle und vergleichen sie die jeweilige Bahnkurve mit der bei einem Freien Fall erwarteten.
3. Wie 2. für einen Turmspringer.

Abb. 1: Sprung vom Tisch

Aufgaben zur Auswertung

1. Zeichnen Sie ein Weg-Zeit-Diagramm der Bewegung und berechnen Sie aus allen Weg-Zeit-Wertepaaren die Erdbeschleunigung sowie Mittelwert und Standardabweichung.
2. Zeichnen Sie in ein gemeinsames Schaubild die Weg-Zeit-Diagramme der einzelnen Körperteile. Nummerieren Sie dabei die zu einer Zeit gehörenden Punkte. Wo liegt in den einzelnen Phasen der Bewegungen der Schwerpunkt des Körpers?

Stoßvorgänge mit Video, Erhaltungssätze

Das klassische Beispiel für Stoßvorgänge ist das Billardspiel. Entsprechende Studien sind aber besser am Billardtisch als in der Schule durchzuführen und sollten auf keinen Fall versäumt werden.
Um Erhaltungssätze zu studieren, sind rollende Kugeln nicht so gut geeignet, da sie auch einen Drehimpuls besitzen.
Deshalb wird hier vorgeschlagen, Stoßvorgänge auf dem Luftkissentisch zu untersuchen. Selbstverständlich sind die Experimente auch auf Eisflächen oder gut gebohnerten Fußböden durchführbar.

Hinweise und Aufgaben zur Vorbereitung

Beschäftigen Sie sich mit den Themen *Impulserhaltung, Energieerhaltung* und *elastische/unelastische Stöße*.

Geräte

▷ Videokamera oder
▷ elektronische Kamera
▷ Computer mit Bilderfassung

▷ DIVA-Software
▷ Luftkissentisch mit Zubehör

Messmethoden

Analyse von Bewegungen mit Video oder mit dem Computer.

Hinweise zum Versuchsaufbau

Bauen Sie den Luftkissentisch horizontal auf und montieren Sie die Kamera senkrecht darüber.
Die Massen der Pucks lassen sich mit Knetmasse verändern. Achten Sie darauf, dass die Mitte zur Aufnahme der Bewegung frei bleibt und dass die Knetmasse rundum gleichmäßig verteilt ist.

Verwenden Sie nicht zu kleine Massen, da sonst der Einfluß von Luftströmungen zu groß ist und die Messung zu ungenau wird.
Für unelastische Stöße müssen die Pucks mit sich anziehenden Magneten versehen sein.

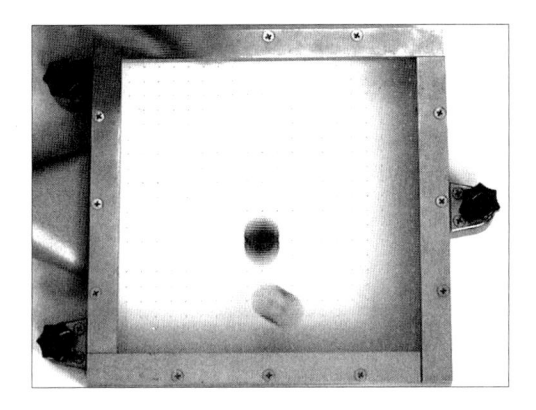

Abb. 1: Luftkissentisch mit zwei Pucks kurz nach einem Stoß

Experimentelle Aufgaben

Stoßen Sie zwei Pucks so an, dass sie elastische und – versehen mit Magneten – unelastische Stöße ausführen. Variieren Sie die Anfangsgeschwindigkeiten, Stoßwinkel und Massen der Stoßpartner.
Registrieren Sie die Bewegungen der Pucks mit der Videokamera.

Aufgaben zur Auswertung

Zeichnen Sie die Positionen der Mittelpunkte der beiden Stoßpartner in ein kartesisches Koordinatensystem.
Bestimmen Sie die Geschwindigkeitsvektoren der Pucks vor und nach dem Stoß.
Berechnen Sie mit Hilfe der Massen der Pucks die Impulse und Energien vor und nach dem Stoß.
Zeichnen Sie die Impulsvektoren in das Koordinatensystem ein.
Vergleichen Sie rechnerisch die Summe der Impulse vor und nach dem Stoß.
Vergleichen Sie rechnerisch die Summe der Energien vor und nach dem Stoß.

Dämpfung harmonischer Schwingungen

Schwingungen treten sehr häufig in unserer Umwelt auf. Deren Dämpfung ist manchmal unerwünscht, wie z.b. bei der Schwingung des Pendels einer Uhr. Bei Brücken hingegen ist eine gute Dämpfung wichtig, da sie sonst durch periodische Energiezufuhr zu immer stärkeren Schwingungen angeregt werden und evtl. sogar einstürzen können.

In diesem Experiment soll der Einfluß unterschiedlicher Dämpfungsmechanismen auf eine Schwingung untersucht werden. Untersucht wird ein Stabpendel, das durch Gleitreibung, Induktion von Wirbelströmen und Luftreibung gedämpft wird.

Die Abhängigkeit der Dämpfungskraft von der Geschwindigkeit des Pendels ist bei diesen Mechanismen unterschiedlich: Bei der Gleitreibung kann von einer konstanten Dämpfungskraft ausgegangen werden, die Kraft auf eine von Wirbelströmen durchflossene Metallplatte im Magnetfeld ist proportional zur Geschwindigkeit, und die Luftwiderstandskraft ist proportional zum Quadrat der Geschwindigkeit.

Die *Berechnung* des Verhaltens eines gedämpften Pendels ist – in allen drei Fällen – schwierig. Wesentlich einfacher ist die Simulation mit Hilfe eines Computers. Die Ergebnisse des Experiments können dann mit denen der Simulation verglichen werden, um zu sehen, ob die theoretischen Annahmen zutreffen.

Hinweise und Aufgaben zur Vorbereitung

1. Wiederholen Sie die Herleitung der Schwingungsgleichung einer ungedämpften harmonischen Schwingung.
2. Leiten Sie die Abhängigkeit der Amplitude einer Schwingung von der Zeit für den Fall einer Dämpfung mit konstanter Dämpfungskraft her.

Geräte

▷ Kugelgelagerte Achse
▷ Stativstange
▷ Tonnenfuß
▷ Aluminiumblech ca. 20cm x 40cm
▷ Sperrholzplatten verschiedener Größe

▷ Stativklemme zum Bremsen
▷ 2 Aufbauspulen mit je 1000 Windungen
▷ U-Eisenkern mit Polschuhen
▷ Stativmaterial zur stabilen Befestigung der Achse

▷ Wegaufnehmer   ▷ X-Y-Schreiber oder Computer

Messmethoden

Aufnahme der Auslenkung über einen Wegaufnehmer, z.B. Speedmec; siehe auch „Bezugsquellen für Software und Geräte".
Die Aufzeichnung der Werte erfolgt mit dem Computer oder mit dem X-Y-Schreiber.

Versuchsaufbau

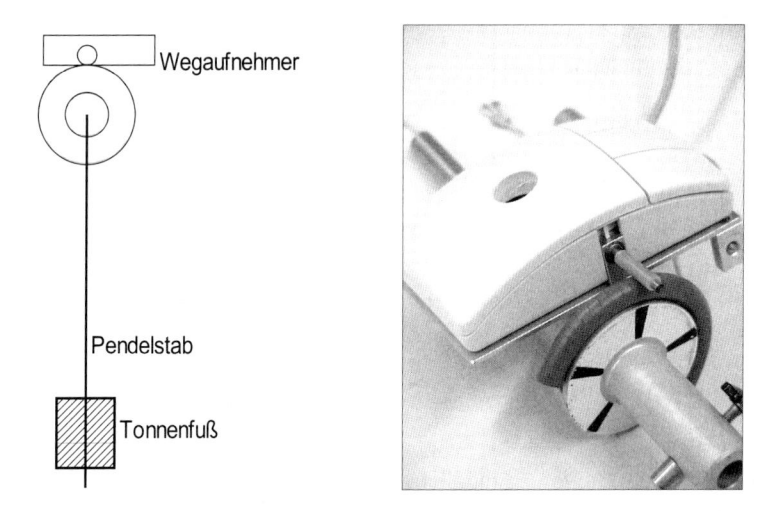

Abb. 1; 2: Aufbau des Pendels; Messmaus auf der Achse

Mit Hilfe einer kugelgelagerten Achse, eines Aluminiumstabes und eines Tonnenfußes mit möglichst großer Masse wird ein Pendel aufgebaut. Die Befestigung der Achse erfolgt am besten direkt an einer festen Tischplatte. Der Elektromagnet für die Dämpfung durch Induktion steht dann auf dem Boden.

Folgende Dämpfungsmechanismen stehen zur Verfügung
1. Dämpfung durch Reibung einer Rohrklemme an der Achse (Abb 3). Variation durch verschieden starkes Klemmen.

2. Dämpfung durch Induktion von Wirbelströmen. Ein am Ende des Pendelstabes in der Pendelebene befestigtes Aluminiumblech wird bei der Pendelbewegung zwischen den Polschuhen eines mit Gleichstrom betriebenen Elektromagneten gebremst (Abb 5). Variation durch verschiedene Stromstärken.
3. Dämpfung mit Platten, die senkrecht zur Bewegungsrichtung am Pendelstab angebracht werden. Variation durch verschieden große Platten.

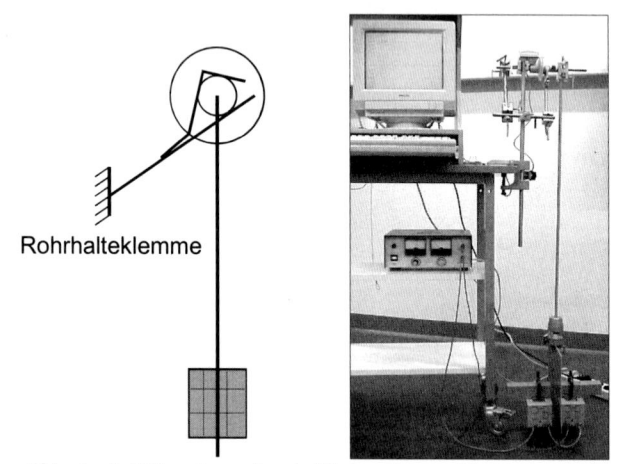

Abb. 3; 4: Dämpfung durch Gleitreibung; Gesamtansicht

Experimentelle Aufgaben

1. Lassen Sie das Pendel frei schwingen und optimieren Sie zunächst den Aufbau so, dass die Dämpfung möglichst gering ist.
2. Registrieren Sie das Langzeitverhalten des nahezu ungedämpften Pendels bis zum Stillstand.
3. Untersuchen Sie danach wie in 2. den Einfluß der drei verschiedenen Dämpfungsmechanismen (s.o.) und beobachten Sie die Abnahme der Amplitude.

Aufgaben zur Auswertung

1. Berechnen Sie aus der Schwingungsdauer der ungedämpften Schwingung die Richtgröße des Pendels.

2. Zeichnen Sie die Einhüllende der registrierten Kurven. Finden Sie eine mathematische Näherung für die Funktion?
3. Welche physikalischen Ursachen könnte das unterschiedliche Verhalten der untersuchten Dämpfungsmechanismen haben?

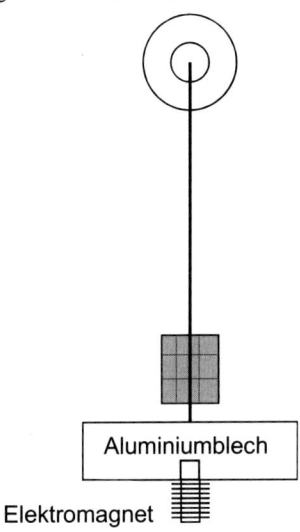

Abb. 3: Dämpfung durch Induktion von Wirbelströmen in einer Aluminiumplatte

Erweiterte Aufgabenstellung

1. Simulieren Sie die Bewegung eines ungedämpften harmonischen Pendels mit gleicher Richtgröße mit Hilfe einer Tabellenkalkulation. Zur Kontrolle der Simulation kann die Schwingungsdauer herangezogen werden.
2. Führen Sie in der Tabelle eine Spalte für die Dämpfungskraft ein. Diese soll zunächst konstant, in einer zweiten Rechnung proportional zur Geschwindigkeit und dann proportional zum Quadrat der Geschwindigkeit sein. Beachten Sie, dass sich die Dämpfungskraft auf die Beschleunigung auswirkt.

Siehe auch: „Simulation, Vorhersage von Versuchsergebnissen".

Vergleich von Gleichspannungsquellen

Spannungsquellen unterscheiden sich sehr in ihrer Eignung für bestimmte Aufgaben: Neben der abgegebenen Spannung spielt vor allem die maximale Stromstärke eine wichtige Rolle. Diese Angaben stehen i.a. auf den Geräten.
Daneben gibt es aber noch andere wichtige Unterscheidungsmerkmale, die hier untersucht werden sollen:
1. Die Spannungsstabiliät bei Belastung.
2. Die Restwelligkeit, d.h. die Abweichung von einer idealen Geichspannung, auch bei Belastung.

Hinweise und Aufgaben zur Vorbereitung

Beschäftigen Sie sich mit den Themen „Gleichrichtung von Wechselspannungen" und „Glättung pulsierender Gleichspannungen".

Geräte

▷ 2 Multimeter
▷ Oszilloskop
▷ Akku
▷ diverse Gleichspannungsnetzgeräte
▷ Steckernetzgerät für Cassettenrecorder oder ähnliches
▷ Netzgleichrichter
▷ Schiebewiderstand

Messmethoden

Messen mit dem Multimeter.
Messen mit dem Oszilloskop.

Hinweise zum Versuchsaufbau

Die verschiedenen Netzgeräte sollen mit Hilfe des Schiebewiderstandes belastet werden. Der Schiebewiderstand darf nicht ganz auf Null gestellt werden, sonst verursacht er einen Kurzschluss.

Stellen Sie vor dem Einschalten des Netzgerätes am Schiebewiderstand den maximalen Widerstandswert ein.
Verwenden Sie zu den Messungen mit dem Oszilloskop abgeschirmte Messkabel.
Bauen Sie folgende Schaltung auf und belasten Sie die Spannungsquelle mit Hilfe des Schiebewiderstandes mit Strömen bis 1A.

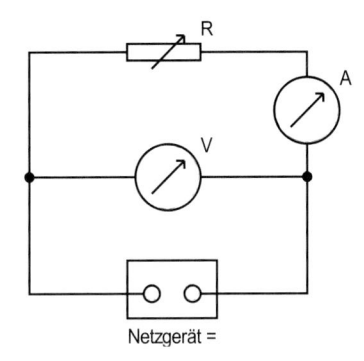

Abb. 1: Schaltbild zur Aufnahme der Belastungskennlinie

Experimentelle Aufgaben

1. Aufnahme von Belastungskennlinien (für jede Spannungsquelle):
   Stellen Sie für $I = 0$ A die Spannung $0{,}5 \cdot U_{max}$ bzw. U_{max} und messen Sie die Spannung in Abhängigkeit von der Stromstärke $U(I)$.

2. Stellen Sie bei jeder Spannungsquelle die maximale Spannung ein und bestimmen Sie mit dem Oszilloskop bei Leerlauf ($I_1 = 0$ A) und bei Belastung ($I_2 = 1$ A) die Amplitude der der Gleichspannung überlagerten Wechselspannung und der Spannungsschwankungen. Letztere müssen nicht unbedingt periodisch sein.

Aufgaben zur Auswertung

1. Zeichnen Sie die in 1. gewonnenen Belastungskennlinien.
2. Bilden Sie für die 2. Messung den Quotienten aus der maximalen Spannungsänderung und der mittleren Gleichspannung.

Entladung eines Kondensators

In diesem Experiment soll der Entladevorgang von Kondensatoren untersucht werden. Damit dies geht, muß die Entladung so langsam erfolgen, dass die Werte der Messgeräte abgelesen und notiert werden können, oder es muss eine schnellere Datenerfassung benutzt werden, z.b. ein Computer.
Für die *Beschreibung* des Entladevorgangs gibt es zwei Wege: Zum einen kann eine Differentialgleichung hergeleitet werden, deren Lösung den Spannungsverlauf in Abhängigkeit von der Zeit *U(t)* beschreibt.
Der zweite Weg entspricht dem ersten, nur dass statt differentiell kleiner Zeitschritte jetzt endliche Zeitschritte gewählt werden und mit Hilfe eines Simulationsprogrammes der Entladevorgang genähert berechnet wird. Je mehr und je kleinere Zeitschritte gewählt werden, desto genauer entspricht die Simulation dem Experiment.
Die *Auswertung* der gemessenen Stromstärken in Abhängigkeit von der Zeit *I(t)* bietet die Möglichkeit, durch Aufsummieren die Gesamtladung des Kondensators zu bestimmen.

Hinweise und Aufgaben zur Vorbereitung

Beschäftigen Sie sich mit den Themen *Kondensator* und *Kapazität*.
Leiten Sie die Differentialgleichung für den Lade- und Entladevorgang eines Kondensators her und geben Sie eine Lösung an.

Geräte

▷ 1 Gleichspannungsnetzgerät
▷ 1 Widerstand 10 Ω
▷ diverse Kondensatoren 1 µF bis 1000 µF
▷ diverse Widerstände 10 kΩ bis 50 MΩ

▷ 2 Digitalmultimeter
▷ Computer zur Erfassung der Messwerte
▷ evtl. Computer mit Interface

Messmethoden

Messung der Kondensatorspannung in regelmäßigen Zeitabständen mit einem Digitalmultimeter, evtl. Registrierung mit dem Computer.
Messung der Entladestromstärke mit einem Digitalmultimeter.

Hinweise zum Versuchsaufbau

Bauen Sie die Schaltung nach dem Schaltbild in Abb. 1 bzw. Abb. 2 auf.

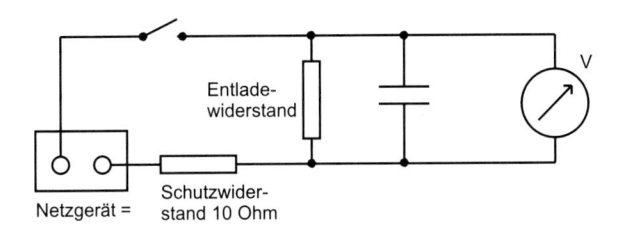

Abb. 1: Schaltung zur Aufnahme der Kondensatorspannung

Probieren Sie vor der eigentlichen Messung erst einmal aus, welche Kombinationen von Kondensator und Entladewiderstand überhaupt für eine Messung sinnvoll sind. Die Entladung sollte mindestens 10 s dauern.
Bei Verwendung eines Computers zur Messwerterfassung können kürzere Entladezeiten gewählt werden.

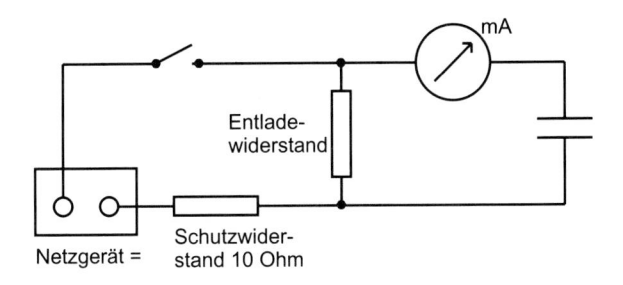

Abb. 2: Schaltung zur Aufnahme der Entladestromstärke

Experimentelle Aufgaben

Vorversuch
Bestimmen Sie in einem einfachen Gleichstromkreis die genauen Werte der Entladewiderstände durch Messung von Stromstärke und Spannung.

Messung der Kondensatorspannung in Abhängigkeit von der Zeit.
Messen Sie für mehrere Kombinationen von Kondensator und Entladewiderstand die Spannung am Kondensator in Abhängigkeit von der Zeit.
Gehen Sie beim Notieren der Messwerte von Hand arbeitsteilig vor: eine(r) liest die Messwerte in regelmäßigen Zeitabständen laut ab, die oder der andere schreibt sie auf. Kürzere Abstände als 2 s sind nicht sinnvoll, weil die Anzeige der Multimeter zu träge ist.

Messung der Entladestromstärke in Abhängigkeit von der Zeit.
Messen Sie für eine Kombination von Kondensator und Entladewiderstand, bei der die Entladung mindestens 20 s dauert, die Entladestromstärke in Abhängigkeit von der Zeit.

Aufgaben zur Auswertung

1. Zeichnen Sie die Entladekurven für die verschiedenen Messungen.
2. Prüfen Sie anhand der Schaubilder nach, wie groß und wie konstant die Halbwertszeit der Entladung ist.
3. Berechnen Sie die Kapazitäten der verwendeten Kondensatoren.
4. Simulieren Sie den Entladevorgang mit Hilfe einer Tabellenkalkulation und vergleichen Sie die Simulation mit den Messergebnissen.
5. Integrieren Sie nummerisch die Entladestromstärke über die Zeit und vergleichen Sie die so erhaltene Ladung mit der entsprechend der Kapazität und der Anfangsspannung zu erwartenden. Siehe auch „Integration mit Hilfe der Tabellenkalkulation".

Kapazitätsmessungen an Kondensatoren

In diesem Experiment geht es darum, drei einfache Messmethoden für die Kapazität von Kondensatoren kennenzulernen und einzusetzen.
Für Kondensatoren mit sehr kleiner Kapazität kann davon ausgegangen werden, dass der Ladevorgang sehr schnell geht. Die dabei fließenden Ströme sind sehr klein und sehr schwierig zu messen. Werden sie jedoch schnell hintereinander immer wieder mit einer Gleichspannung geladen und über ein Stromstärkemessgerät entladen, so kann über die Messung der mittleren Stromstärke die bei *einem* Entladevorgang geflossene Ladung bestimmt werden. Mit dieser – nicht sehr exakten – Methode des *periodischen Auf- und Entladens* können einfache Plattenkondensatoren mit und ohne Dielektrika untersucht werden.
Die zweite Methode verwendet die Kenntnis des Wechselstromwiderstandes von Kondensatoren.
Natürlich gibt es auch elektronische Messgeräte, die eine Kapazitätsmessung eingebaut haben, und wenn das Messprinzip verstanden ist, spricht auch nichts gegen deren Einsatz. Sie sollten aber in jedem Fall prüfen, wie genau die Messung mit solchen Geräten ist.

Hinweise und Aufgaben zur Vorbereitung

Beschäftigen Sie sich mit den Themen *Kapazität eines Kondensators*, *Einfluss von Dielektrika*, *Wechselstromwiderstand von Kondensatoren* und *Ersatzkapazität von Parallel- und Reihenschaltungen von Kondensatoren*.
Leiten Sie jeweils eine Formel zur Berechnung der Kapazität bei Verwendung der Methoden 1 und 2 her und zeigen Sie durch Rechnung, dass diese beiden Formeln für kleine Kapazitäten nahezu zum gleichen Ergebnis führen.

Geräte

- ▷ Rechteckgenerator
- ▷ Reedrelais
- ▷ Gleichspannungsnetzgerät maximal 30V
- ▷ Netztrafo 25V oder Sinusgenerator
- ▷ Messverstärker oder
- ▷ Empfindliches Drehspulinstrument
- ▷ Digitalmultimeter
- ▷ Großer Plattenkondensator
- ▷ Abstandsplättchen 1mm
- ▷ Dielektrikum 1mm
- ▷ Div. Kondensatoren

Messmethoden

Periodisches Auf- und Entladen
Messung der mittleren Stromstärke mit einem niederohmigen Messverstärker und einem Drehspulinstrument (siehe Abb. 1).

Unter Verwendung des Wechselstromwiderstandes
Hier messen Sie Wechselstromstärke und Wechselspannung in einem Wechselstromkreis, berechnen den Wechselstromwiderstand und daraus die Kapazität.

Mit dem Digitalmultimeter
Sofern ein entsprechender Messbereich vorhanden ist, kann die Kapazität direkt abgelesen werden.

Hinweise zum Versuchsaufbau

Periodisches Auf- und Entladen
Bauen Sie einen einfachen Plattenkondensator auf und schließen Sie ihn nach dem Schaltbild der Abb. 1 an.

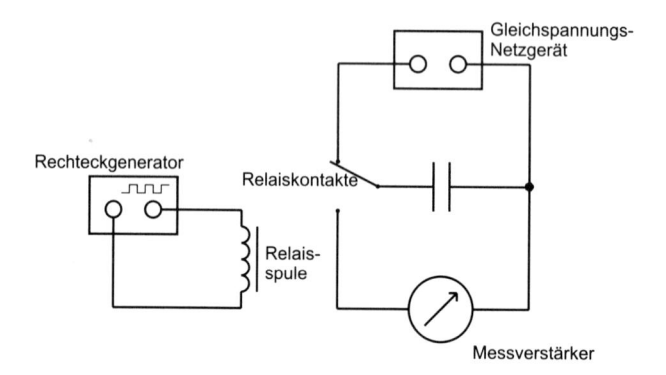

Abb. 1: Periodisches Auf- und Entladen

Das Relais muss in der Lage sein, sehr schnell zwischen Lade- und Entladestromkreis umzuschalten. Die Ansprech- und Abfallzeiten sollten kleiner als 5 ms sein. Diese Bedingung erfüllen Reedrelais.

Achten Sie auf den richtigen Anschluss der Kontakte des Relais.
Die Spule des Relais schließen Sie am Rechteckgenerator an. Beachten Sie, dass oft parallel zur Relaisspule zur Vermeidung von hohen Induktionsspannungen eine Schutzdiode geschaltet ist, sodass die Polung der Rechteckspannung nicht beliebig ist. Stellen Sie am Rechteckgenerator eine Frequenz von 50 Hz ein.

Messen Sie die Entladestromstärke mit Hilfe eines Messverstärkers oder eines empfindlichen Drehspulinstrumentes.
Sehen Sie beim Anschluss nach, welche Kontakte geerdet sind. Diese können Kurzschlüsse verursachen.

Vorsicht!
Nach dem Anlegen der Spannung dürfen die Platten nicht mehr bewegt werden. Würden sich diese berühren, hätte dies die Zerstörung der empfindlichen Stromstärkemessgeräte zur Folge.

Unter Verwendung des Wechselstromwiderstandes
Schauen Sie sich die Form der Wechselspannung des Netztrafos mit dem Oszilloskop an. Ist die Abweichung von der Sinusform sehr groß, sollten Sie besser einen Sinusgenerator verwenden.

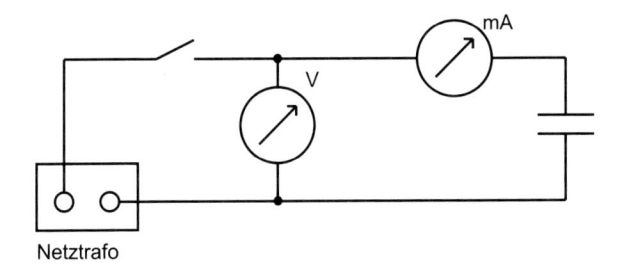

Abb. 2: Einfache Schaltung zur Bestimmung des Wechselstromwiderstandes

Experimentelle Aufgaben

Periodisches Auf- und Entladen
Bestimmen Sie für den einfachen Plattenkondensator Plattenfläche und Plattenabstand.
Messen Sie mit und ohne Dielektrikum dessen Kapazität. Verwenden Sie verschiedene Plattenabstände und Dielektrika.
Erwarten Sie bei dieser Methode keine genauen Ergebnisse!

Unter Verwendung des Wechselstromwiderstandes
Messen Sie an technischen Kondensatoren den Wechselstromwiderstand für eine Frequenz von 50 Hz.

Mit dem Digitalmultimeter
Messen Sie an Parallel- und Reihenschaltungen von Kondensatoren deren Ersatzkapazität.

Aufgaben zur Auswertung

1. Berechnen Sie die Kapazität des einfachen Plattenkondensators aus dessen geometrischen Daten und vergleichen Sie mit Ihrer Messung.
2. Berechnen Sie die Dielektrizitätskonstante des Dielektrikums und vergleichen Sie mit dem Literaturwert.
3. Vergleichen Sie bei den technischen Kondensatoren die gemessene Kapazität mit der Aufschrift.
4. Vergleichen Sie den Ersatzwiderstand der Parallel- und Reihenschaltungen mit dem gemäß der Rechnung zu erwartenden.
5. Vergleichen Sie die Genauigkeit und Anwendbarkeit der Messmethoden.

Bestimmung der Flussdichte eines Elektromagneten

Bei Elektromagneten ist es häufig wichtig zu wissen, welches Feld sie erzeugen. Bei geometrisch einfach aufgebauten Spulen, wie z.b. bei einer langen (schlanken) Spule lässt sich der Zusammenhang von Erregerstromstärke und Flussdichte berechnen.
Zur Erzeugung starker Magnetfelder werden in der Regel jedoch kürzere Spulen mit Eisenkern verwendet, deren Flussdichte schwer zu berechnen ist. Um deren Flussdichte *experimentell* zu bestimmen bieten sich drei Methoden an:
1. Nach der Definition der magnetischen Flussdichte über die Kraft auf einen stromdurchflossenen Leiter.
2. Entsprechend dem Induktionsgesetz durch Messung der Induktionsspannung in einer von einem magnetischen Wechselfeld durchsetzten Probespule.
3. Mit einem geeichten Messgerät unter Verwendung des Halleffektes.

Zu der durch die stromdurchflossene Spule erzeugten Magnetisierung des Eisenkerns kommt in der Regel noch dessen Remanenz. Diese kann durch eine geeignete Wahl des Kernmaterials klein gehalten werden. Vor Beginn jeder Messung sollte der Eisenkern entmagnetisiert werden. Ein Verfahren hierzu finden Sie im Abschnitt „Hinweise zum Versuchsaufbau" bei Methode 3.

Die ersten beiden Methoden sollen hier im Vergleich verwendet werden und mit einem auf dem Halleffekt basierenden kommerziellen Flussdichte-Messgerät verglichen werden.
(Alle drei Methoden sind an einem Nachmittag kaum zu schaffen.)

Hinweise und Aufgaben zur Vorbereitung

Beschäftigen Sie sich mit der Definition der Flussdichte über die Kraft auf einen stromdurchflossenen Leiter.
Wiederholen Sie die Themen *Flussdichte einer langen (schlanken) Spule* und *Induktion einer Wechselspannung in einer Probespule, die sich in einem magnetischen Wechselfeld befindet.*
Stellen Sie den zur Messung der Kraft auf einen stromdurchflossenen Leiter notwendigen Drahtbügel (s.u.) her.
Stellen Sie die zur Messung der Induktionsspannung notwendige Spule (s.u.) her.

Geräte

▷ Eisenkern
▷ 2 Spulen, $n = 250$
▷ Böcke zur Lagerung des Magneten über der Waage
▷ Elektronische Waage
▷ Isolierter Kupferdraht 1,5 mm²

▷ Halterung für den Drahtbügel
▷ 2 Gleichspannungsnetzgeräte > 4A
▷ 2 Multimeter
▷ evtl. Computer
▷ evtl. Oszilloskop

Messmethoden

1. Messung der Kraft auf einen stromdurchflossenen Leiter mit Hilfe einer empfindlichen elektronischen Waage.
2. Messung der induzierten Wechselspannung mit einem Digitalmultimeter oder einem Oszilloskop.
3. Messung der magnetischen Flussdichte mit Hilfe einer geeichten Hallsonde.

Methode 1

Hinweise zum Versuchsaufbau

Betreiben Sie den Elektromagneten mit einem Gleichspannungsnetzgerät mit einem Amperemeter.

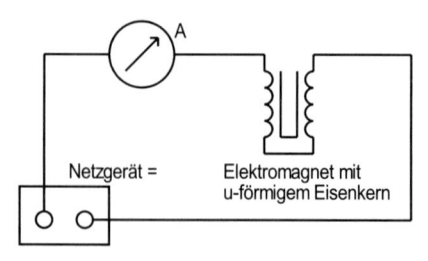

Abb. 1: Schaltung des Elektromagneten

Der Drahtbügel muß so lang sein, dass er in die Spule hineinreicht. Die Breite darf nicht größer als der homogene Feldbereich sein.

Bestimmung der Flussdichte eines Elektromagneten

Haltern Sie ihn so, dass er frei senkrecht nach oben auf der elektronischen Waage steht. Das Gewicht der Halterung sollte gering sein, damit die Waage im empfindlichsten Messbereich betrieben werden kann.
Schließen Sie den Bügel mit langen Kabeln so an ein zweites Netzgerät an, dass die Messung des Gewichts nicht behindert wird.
Auch die Stromstärke im Bügel muß gemessen werden.
Legen Sie den Magneten auf einen Bock oder einen Kasten, dass später die Waage so daruntergestellt werden kann, dass der daraufstehende Bügel zwischen die Pole reicht (siehe Abb. 2 und 3).

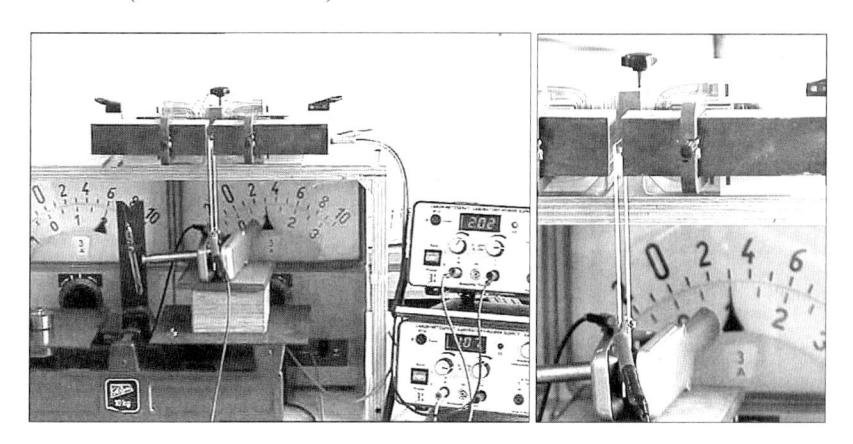

Abb.2; 3: Versuchsaufbau mit einer – weniger geeigneten – Tafelwaage; Detail

Experimentelle Aufgabe

Bestimmen Sie die Kraft auf den stromdurchflossenen Drahtbügel in Abhängigkeit von der Erregerstromstärke. Wählen Sie als Stromstärke im Drahtbügel 2 A, 3 A und 4 A.

Aufgaben zur Auswertung

1. Berechnen Sie die Flussdichte des Elektromagneten aus der Länge des horizontalen Leiterstücks, der Stromstärke im Leiter und der Kraft auf den Leiter.
2. Vergleichen Sie alle aufgenommenen Messwerte mit den Messwerten der Hallsonde.

Methode 2

Hinweise zum Versuchsaufbau

Betreiben Sie den Magneten mit Wechselspannung eines Netztrafos und schalten Sie ein Amperemeter in Reihe.
Der Durchmesser der Probespule sollte so gewählt werden, dass er einerseits möglichst groß ist, andererseits muß die Spule sich noch vollständig in homogenen Feldbereich befinden. Der Draht wird 100 mal um einen geeigneten runden Körper gewickelt und die entstandene Spule nach dem Herunterschieben mit einem Faden fixiert.
Hängen Sie die Spule so zwischen die Pole des Magneten, dass sie orthogonal zur Spulenfläche vom Magnetfeld durchflossen wird.
Messen Sie die in der Spule induzierte Wechselspannung mit einem Digitalmultimeter.

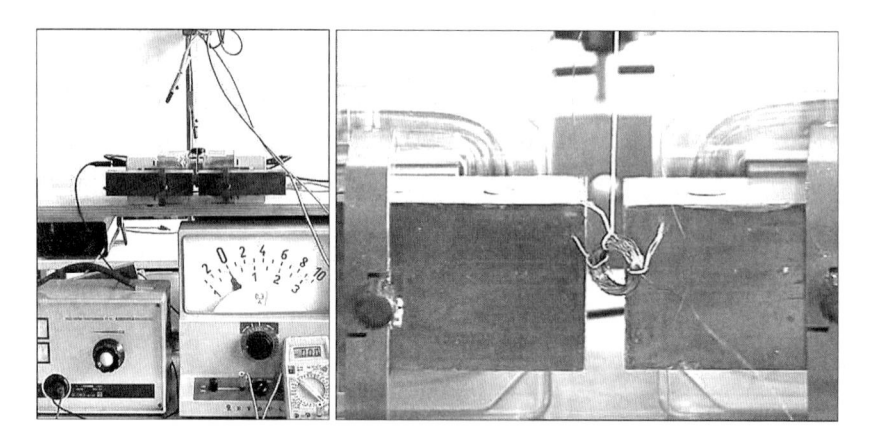

Abb.4; 5: Versuchsaufbau; Detail mit herausgezogener Probespule

Experimentelle Aufgabe

Messen Sie die in der Probespule induzierte Wechselspannung in Abhängigkeit von der Erregerstromstärke (Wechselstrom).

Aufgaben zur Auswertung

1. Berechnen Sie den Scheitelwert der magnetischen Flussdichte aus den Scheitelwerten der induzierten Spannung, dem Flächeninhalt und der Windungszahl der Probespule. Beachten Sie bitte, dass Multimeter Effektivwerte anzeigen.
2. Vergleichen Sie alle aufgenommenen Messwerte mit den Messwerten der Hallsonde.
3. Für kleine Stromstärken sind Erregerstromstärke und erzeugte Flussdichte angenähert proportional. Berechnen Sie die Proportionalitätskonstante und geben Sie an, bis zu welchem Wert der Erregerstromstärke die Konstante Gültigkeit hat.

Methode 3

Hinweise zum Versuchsaufbau

Montieren Sie die Hallsonde möglichst im Zentrum der Eisenkerne und achten Sie auf senkrechte Orientierung der Sonde zur Spulenachse. Evtl. müssen Drahtbügel bzw. Probespule vorher entfernt werden.
Entmagnetisieren Sie den Eisenkern vor der Messung nach folgender Methode: Legen Sie an die Spule eine Wechselspannung an und senken Sie diese langsam auf 0 V ab. Prüfen Sie die Magnetisierung des Eisenkernes mit einem unmagnetischen Stück Eisen.

Experimentelle Aufgabe

Nehmen Sie zur Kalibrierung eine Kurve der erzeugten Flussdichte der Spule in Abhängigkeit von der Erregerstromstärke auf.

Aufgaben zur Auswertung

1. Zeichnen Sie die aufgenommene Kurve auf mm-Papier.
2. Berechnen Sie die Proportionalitätskonstante zwischen der Erregerstromstärke und der erzeugten Flussdichte der Spule.

Fallrohr

In diesem Versuch werden Induktionsvorgänge in einer Spule untersucht, durch die sich ein Dauermagnet bewegt. In einem Vorversuch bewegt sich der Magnet gleichförmig, im eigentlichen Experiment angenähert in einer freien Fallbewegung.

Hinweise und Aufgaben zur Vorbereitung

Wiederholen Sie die Themen *Freier Fall* und *Induktion durch Bewegung*.
Versuchen Sie die unten stehenden theoretischen Grundlagen zu verstehen.
Begründen Sie mit Hilfe des Induktionsgesetzes: Die von einem längs der Achse einer Spule bewegten Magneten in der Spule induzierten maximalen Spannung U_{indmax} ist proportional zu dessen Geschwindigkeit v.

Theoretische Grundlagen

Induktionsvorgänge
Beim Fall des Stabmagneten durch eine ruhende Leiterschleife gilt die zweite Maxwellsche Gleichung:

$$U_{ind} = \int_K E ds = -\int_A \dot{B} df = -\dot{\Phi}$$

U_{ind} ist die in der Leiterschleife induzierte Spannung, E das elektrische Feld längs des Leiters, B die Flussdichte und Φ der magnetische Fluss im Inneren der Leiterschleife. K ist die Kurve der Leiterschleife, A die Fläche innerhalb K.

Zeigen Sie:
1. Der Maximalwert der Induktionsspannung ist proportional zur Geschwindigkeit v.
2. Bewegt sich ein Pol eines Magneten innerhalb einer langen Spule, so bleibt die Induktionsspannung konstant.

Beim Durchfallen einer Leiterschleife induziert jeder Pol eines Stabmagneten einen Spannungsstoß:

$$\int_{U>0} U_{ind}\,dt = (\Phi_2 - \Phi_1)_{ersterPol}; \quad \int_{U<0} U_{ind}\,dt = (\Phi_2 - \Phi_1)_{zweiterPol};$$

Wegen der Quellenfreiheit des magnetischen Feldes muß die Flußdifferenz für die gesamte Bewegung des Magneten durch die Leiterschleife Null werden, d.h. die beiden Integrale sind bis auf das Vorzeichen gleich.

Fallbewegung
Für die Bewegung des Magneten durch das Fallrohr gelten die Gesetze des Freien Falls:

$$s(t) = \tfrac{1}{2} gt^2 \;;\quad v = gt$$

Geräte

▷ Lange Spule (z.B. NEVA/ELWE)
▷ Gleichstrommotor mit Getriebe
▷ Gleichspannungs-Netzgerät
▷ Fallrohr mit zwei Stabmagneten oder:
▷ Glasrohr der Länge 1m und

▷ 5 kurze Spulen
▷ Speicheroszilloskop oder Messwerterfassung
▷ PC mit Drucker
▷ Stativmaterial.

Messmethoden

Die Aufzeichnung der Messwerte erfolgt am besten mit Hilfe des Computers und einer schnellen Messwerterfassung.
Bestimmung der Fläche unter der $U_{ind}(t)$ - Kurve durch Integration.

Hinweise zum Versuchsaufbau

a) Vorversuch
Mit einem Gleichstrommotor wird ein Stabmagnet in vertikaler Richtung gleichförmig durch eine lange Spule gezogen. Dabei induziert jeder Pol in der Spule eine geschwindigkeitsabhängige Spannung, die konstant ist, solange der Einfluß des anderen Pols vernachlässigt werden kann. Auf eine erschütterungsfreie Bewegung ist zu achten.

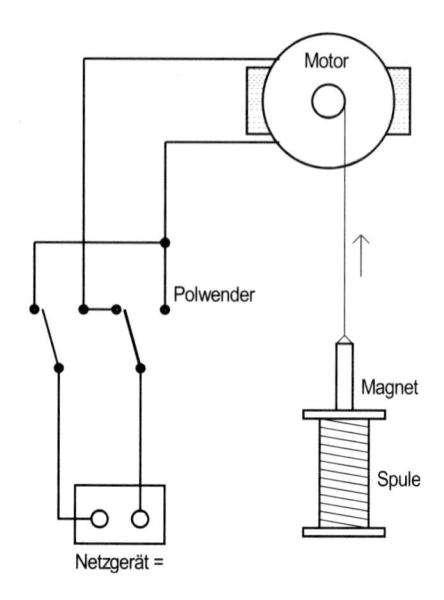

Abb.1: Aufbau des Vorversuchs

b) Fallrohr
Das verwendete Fallrohr besteht aus einem Kunststoffrohr mit 5 aufgewickelten, in Reihe geschalteten Induktionsspulen. Ein kleiner Stabmagnet wird durch das Rohr fallengelassen. Beim Durchfallen der einzelnen Spulen werden darin jeweils zwei Spannungsstöße induziert, die mit Hilfe eines Analog-Digital-Wandlers im Computer registriert und graphisch dargestellt werden. Der Beginn der Messung wird getriggert, wenn die Induktionsspannung U_{min} = 0,05 V überschreitet.

Ist kein fertiges Fallrohr vorhanden, so kann aus 5 kurzen Experimentierspulen und einer Glas- oder Plexiglasröhre, deren Durchmesser etwas größer ist als der des Stabmagneten, eines aufgebaut werden.

Experimentelle Aufgaben

1. Vorversuch *(U_{indmax} ~ v)*:
1. Zeichnen Sie den zeitlichen Verlauf der Induktionsspannung in einer langen Spule, durch die ein Stabmagnet mit konstanter Geschwindigkeit gezogen wird, auf.

2. Messen Sie mit Hilfe einer Lichtschranke oder einer Stoppuhr die Geschwindigkeit des Magneten und prüfen Sie den Zusammenhang mit U_{indmax}.

2. Fallrohr

1. Zeichnen Sie den zeitlichen Verlauf der Induktionsspannung in den in Reihe geschalteten langen Spulen, durch die ein Stabmagnet frei fällt, auf.
2. Bestimmen Sie für alle Spulen die Fläche unter der $U_{ind}(t)$-Kurve.

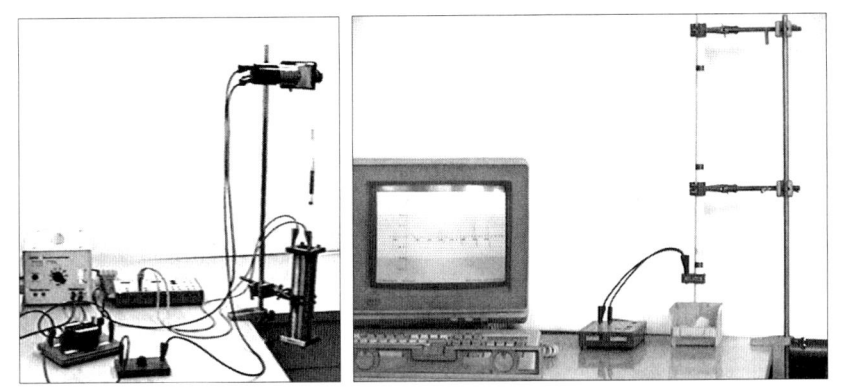

Abb. 2; 3: Vorversuch ; Fallrohr mit Computer-Messung

Aufgaben zur Auswertung

1. Wie kann man mit Hilfe der Bewegungsgleichungen aus mehreren Wertepaaren $(t_i; s(t_i))$ bzw. $(t_{i+1}; v(t_{i+1}))$ die Anfangszeit t_o für die Fallbewegung bestimmen?
2. Bestimmen Sie v aus den Maximalwerten von U_{ind}. Berechnen Sie aus den Werten von $v(t)$ den Zeitpunkt t_o mit $v(t_o) = 0$. **Bemerkung:** Die Angabe von v geschieht in einer beliebigen Einheit.
3. Überprüfen Sie das Weg-Zeit-Gesetz. Wählen Sie dazu zunächst $s = 0$ cm in einer Höhe von 10 cm über der Mitte der ersten Spule.
4. Weisen Sie durch Bestimmung der Fläche unter der $U_{ind}(t)$-Kurve nach: $\int U_{ind}(t)dt = \Phi = 0$ für das vollständige Durchfallen einer Spule.
5. Weisen Sie durch Bestimmung der Fläche unter der $U_{ind}(t)$-Kurve nach: $\int |U_{ind}(t)|dt$ ist für alle Spulen des Fallrohrs konstant.

Barkhausen-Effekt, Hysterese

Ein Stück Eisen in einem immer stärker werdenden Magnetfeld ändert seine Magnetisierung nicht kontinuierlich mit dem Magnetfeld. Es sind zwei Effekte zu beobachten, die hier untersucht werden sollen.
Mit Hilfe eines Lautsprechers können sprunghafte Änderungen der Magnetisierung hörbar gemacht werden, und eine Hallsonde hilft uns, die Flussdichte am Ende des Eisenkerns in Abhängigkeit vom Magnetfeld der felderzeugenden Spule darzustellen.

Hinweise und Aufgaben zur Vorbereitung

Beschäftigen Sie sich mit den Themen *Erzeugung von Magnetfeldern in Spulen*, *Halleffekt* und *Induktion durch Änderung des Magnetfeldes*.

Geräte

- ▷ Messspule für den Barkhausen-Effekt
- ▷ Empfindlicher Niederfrequenz-Verstärker (NF-Verstärker)
- ▷ Lautsprecher
- ▷ Eisendraht
- ▷ Hufeisenmagnet oder starker Stabmagnet
- ▷ Eisenkern
- ▷ Felderzeugende Spule
- ▷ Gleichspannungsnetzgerät zum Betrieb der felderzeugenden Spule
- ▷ Netztrafo
- ▷ Polwender
- ▷ Hallsonde mit Messgerät

Messmethoden

Messung der magnetischen Flussdichte mit Hilfe der Hallsonde, dabei Registrierung der Stromstärke in der felderzeugenden Spule und der Anzeige der Hallspannung mit Hilfe des Computers.
Darstellung von schnellen Änderungen der Magnetisierung im Inneren einer Messspule mit Hilfe eines NF-Verstärkers und eines Lautsprechers.

Hinweise zum Versuchsaufbau

1. Barkhausen-Effekt
Schließen Sie die Messspule am Eingang und den Lautsprecher am Ausgang des NF-Verstärkers an und fixieren Sie den Eisendraht in der Spule.

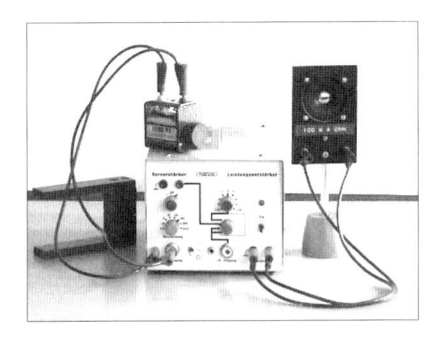

Abb. 1;2: Versuchsaufbau zum Barkhausen-Effekt; Detail

2. Hysterese
Schließen Sie die felderzeugende Spule über einen Polwender am Gleichspannungsnetzgerät an, sodass die Stromrichtung in der Erregerspule umgepolt werden kann.
Legen Sie in die felderzeugende Spule verschiedene ferromagnetische Gegenstände und bringen Sie möglichst dicht am jeweiligen Gegenstand die Hallsonde an.

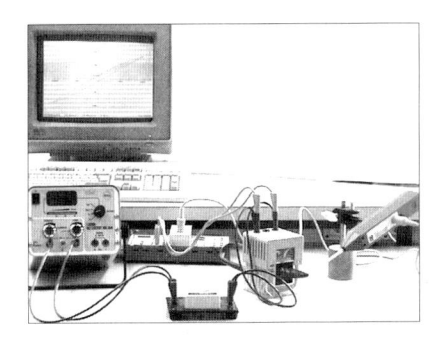

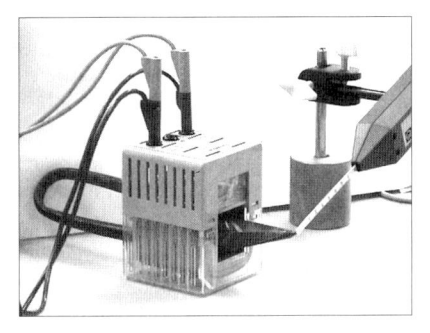

Abb. 3;4: Versuchsaufbau zur Hysterese einer Blechschere; Detail

Entmagnetisieren Sie zwischen den einzelnen Versuchsteilen immer wieder den Eisenkern durch Anlegen einer Wechselspannung des Netztrafos an die felderzeugende Spule, die langsam bis auf Null abgesenkt wird.

Experimentelle Aufgaben

1. Barkhausen-Effekt
Nähern Sie dem Draht langsam einen Pol des Hufeisenmagneten und achten Sie auf Geräusche im Lautsprecher. Entfernen Sie den Magnet wieder und nähern Sie den anderen Pol.
Verwenden Sie verschiedene Drähte und achten Sie auf Unterschiede.

2. Hysterese
Erhöhen Sie die Erregerstromstärke langsam. Zeichnen Sie die Anzeige der Hallsonde in Abhängigkeit von der Erregerstromstärke auf.

Zusatzaufgabe
Führen Sie die obige Messung bei verschiedenen Temperaturen des Eisenkerns durch. Verhindern Sie durch entsprechende Isolation einen Wärmefluß zwischen Eisenkern und Umgebung.

3. Kalibrierung der Spule
Die Stromstärke in der felderzeugenden Spule wird als Maß für die Flussdichte der eisenlosen Spule genommen. Um zu wissen, wie groß die Flussdichte bei einer bestimmten Stromstärke ist, muß die Spule kalibriert werden. Dies geschieht am besten mit Hilfe der Hallsonde.

Aufgaben zur Auswertung

1. Barkhausen-Effekt
Beschreiben Sie Ihre Wahrnehmungen im Lautsprecher beim Barkhausen-Effekt.

2. Hysterese
Stellen Sie die magnetische Flussdichte direkt vor dem Eisenkern in Abhängigkeit von der Flussdichte der eisenlosen Spule bei der entsprechenden Stromstärke dar.

Bemerkung: Siehe auch: JAVA-Applet zur Hysterese im Anhang.

Der elektromagnetische Schwingkreis

Elektromagnetische Schwingkreise bestehen aus einer Spule und einem Kondensator. Man findet sie man z.b. in vielen Rundfunk- und Fernsehempfängern. Auch im Sinusgenerator wird zur Erzeugung der Schwingung ein elektromagnetischer Schwingkreis verwendet.
Da der elektrische Strom in den Leitungen des Schwingkreises nicht widerstandsfrei fließt, wird bei jeder Schwingung ein Teil der zwischen Kondensator und Spule hin- und herschwingenden Energie in Wärme ungewandelt. Dies können Sie im ersten Teil des Experiments beobachten.
Soll die Schwingung andauern, muß von außen periodisch Energie zugeführt werden. Wie die Anregung des Schwingkreises von der Frequenz dieser Energiezufuhr abhängt, sollen Sie im zweiten Teil untersuchen.
Im dritten Teilexperiment sollen Sie eine Rückkopplungsschaltung zur Anregung des Schwingkreises verwenden, deren Aufbau Sie der Literatur entnehmen.

Hinweise und Aufgaben zur Vorbereitung

Beschäftigen Sie sich mit den Themen *Elektromagnetischer Schwingkreis, Thomsonsche Schwingungsformel* und *Energie eines geladenen Kondensators und einer stromdurchflossenen Spule*.
Berechnen Sie die Summe der in den Feldern von Spule und Kondensator im ungedämpften Schwingkreis enthaltenen Energie in Abhängigkeit von der Zeit und zeigen Sie, dass diese konstant ist.
Entnehmen Sie der Literatur den Aufbau einer *Meißner-Schaltung* mit Transistor.

Geräte

- Kondensatoren 1 µF bis100 µF
- Spulen mit geschlossenem Eisenkern mit 300 bis 10000 Windungen
- Ohmsche Widerstände 10 Ω bis 10 kΩ
- Ausschalter
- Gleichspannungsnetzgerät
- Sinusgenerator
- 2 Digitalmultimeter
- Oszilloskop
- Lautsprecher 5 Ω
- Drehpotentiometer 1 kΩ
- npn-Transistor, z.B. BD137

Experimente

Messmethoden

Stromstärke- und Frequenzmessung mit dem Digitalmultimeter.
Stromstärke- und Spannungsmessung mit Speicheroszilloskop oder Computer-Interface.

Hinweise zum Versuchsaufbau

1. Gedämpfter Schwingkreis

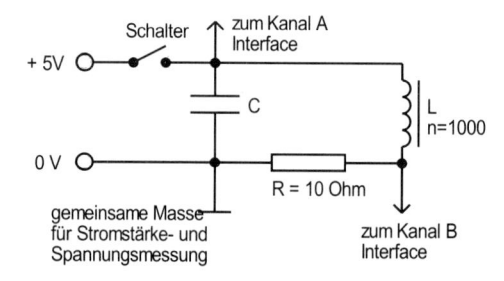

Abb. 1: Schaltbild des Versuchsaufbaus zum gedämpften Schwingkreis

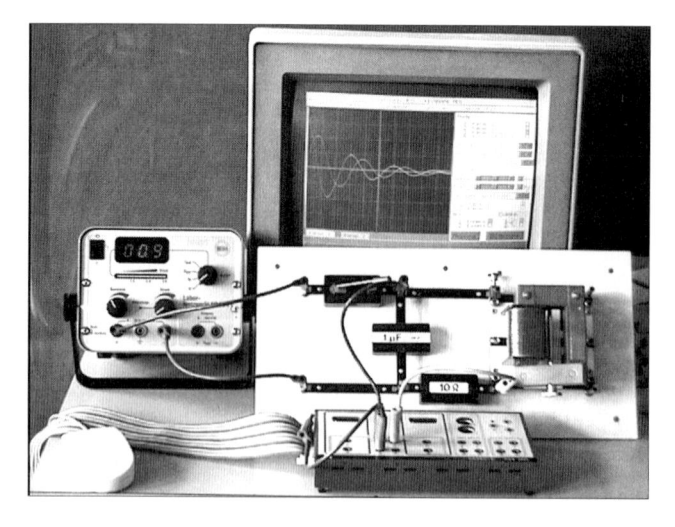

Abb 2: Versuchsaufbau mit dem Computer-Interface CASSY

Der elektromagnetische Schwingkreis 77

Bauen Sie einen einfachen Schwingkreis auf (siehe Abb. 1). Invertieren Sie beim Interface einen Kanal, um die Phasenbeziehung zwischen Stromstärke und Spannung richtig darzustellen (siehe auch: Masseprobleme im Abschnitt „Messen mit dem Oszilloskop").

Vorsicht! Beim Öffnen des Schalters entstehen durch Selbstinduktion in der Spule Spannungen, die wesentlich höher sind, als die angelegte Gleichspannung.

Verwenden Sie verschiedene Kombinationen von Kondensatoren und Spulen.

2. Aufnahme einer Resonanzkurve

Bauen Sie die Schaltung nach dem Schaltbild der Abb. 3 auf, verwenden Sie für einen Vorversuch statt des Ampèremeters einen Lautsprecher mit der Impedanz 5 Ω.

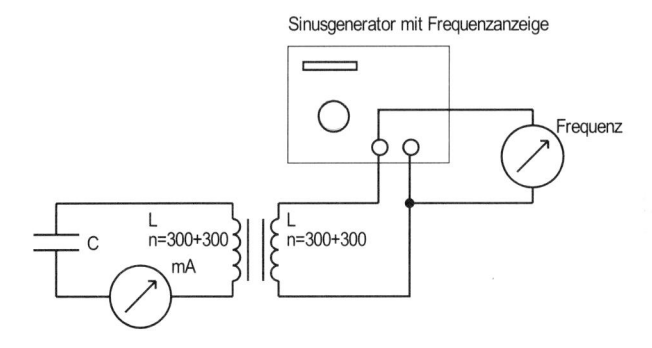

Abb. 3: Schaltbild des Versuchsaufbaus zur Resonanz

Die Resonanzfrequenz sollte bei der Stromstärke-Messung mit einem Digitalmultimeter in der Nähe von 50 Hz liegen, da die Multimeter bei anderen Frequenzen möglicherweise nicht korrekt anzeigen.
Dies kann in zwei Schritten erreicht werden: 1. Grobe Abstimmung durch eine geeignete Wahl von Kapazität und Induktivität. 2. Feine Abstimmung durch Drehen des Jochs beim Eisenkern der Spule.
Lesen Sie in der Anleitung der Digitalmultimeter nach, für welche Frequenzen die Messung genau genug ist.
Für andere Frequenzen verwenden Sie besser ein Drehspulinstrument.

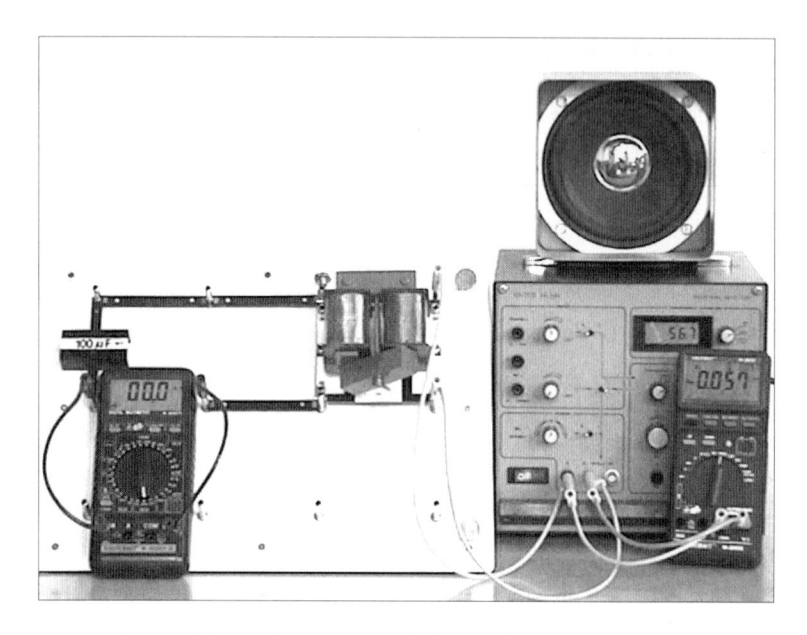

Abb. 4: Schwingkreis mit induktiv angekoppelter Anregung

3. Zur Zusatzaufgabe: Rückkopplung
Bauen Sie eine Meißner-Schaltung zur Rückkopplung der Schwingungen des elektromagnetischen Schwingkreises auf. Verwenden Sie als Anzeige für den Strom im Schwingkreis ein Amperemeter.
Stellen Sie die Spannung am Kondensator mit Hilfe eines Oszilloskops dar.
Schließen Sie statt des Amperemeters einen Lautsprecher an, so dass die Schwingungen hörbar werden (siehe Vorversuch im 2.Teilexperiment). Verändert sich, im Vergleich zum Amperemeter, die Eigenfrequenz durch die Lautsprecherspule?

Experimentelle Aufgaben

1. Gedämpfter Schwingkreis
Bestimmen Sie für die verschiedenen Kombinationen von Spulen und Kondensatoren die Frequenzen der Schwingungen.
Untersuchen Sie den Einfluß von ohmschen Widerständen im Schwingkreis.

2. Resonanz

Variieren Sie die Frequenz des Sinusgenerators und hören Sie in einem Vorversuch mit Hilfe eines Lautsprechers, bei welcher Frequenz Resonanz eintritt.

> **Vorsicht!**
> Reduzieren Sie die Amplitude des Sinusgenerators in der Nähe der Resonanzfrequenz, um den Lautsprecher und Ihre Ohren zu schonen.

Messen Sie – entweder mit Hilfe des Computers oder von Hand – die Stromstärke im Schwingkreis in Abhängigkeit von der Anregungsfrequenz.
Beobachten Sie die Phasenbeziehung zwischen der Erregung und der Schwingung.

3. Zusatzaufgabe: Rückkopplung

Variieren Sie den Arbeitspunkt des Transistors und beobachten Sie mit Hilfe eines Oszilloskops, wie sich die Form der $I(t)$-Kurve dabei ändert.

Aufgaben zur Auswertung

1. Gedämpfter Schwingkreis

1. Dokumentieren Sie die verwendeten Kondensatoren, Spulen und Widerstände und die zugehörigen Schwingungskurven.
2. Berechnen Sie bei gegebener Kapazität des Kondensators aus der Frequenz der Schwingung die Induktivitäten der Spulen.
3. Simulieren Sie, z.B. mit einem Tabellenkalkulationsprogramm, das zeitliche Verhalten des Schwingkreises.

2. Resonanz

Stellen Sie die Stromstärke im Schwingkreis in Abhängigkeit von der Anregungsfrequenz in einem geeigneten Schaubild dar.

Vergleichen Sie Ihre Beobachtungen in den Teilexperimenten 1. bis 3. mit mechanischen Schwingungen.

80   Experimente

Sperrkreis

Bei der Klangregelung in Stereoanlagen oder den Frequenzweichen in Lautsprechern werden geeignete Kombinationen von Spulen und Kondensatoren dazu verwendet, bestimmte Tonhöhen herauszuheben.
In diesem Experiment soll das Verhalten eines Sperrkreises untersucht werden.

Hinweise und Aufgaben zur Vorbereitung

Beschäftigen Sie sich mit den Themen *Wechselstromwiderstand, Siebkette* und *Sperrkreis* und wiederholen Sie die Darstellung von Wechselströmen und -spannungen im Zeigerdiagramm.

Geräte

▷ Sinusgenerator
▷ Spulen 300 + 300 Windungen
▷ Eisenkern

▷ Kondensatoren 1μF, 10μF, 100μF
▷ 2 Digitalmultimeter
▷ evtl. Computer

Messmethoden

Messung von Spannung und Stromstärke mit Digitalmultimetern.

Hinweise zum Versuchsaufbau

Bauen Sie die Schaltung nach Abb. 1 auf.
Zur Messung mit Digitalmultimetern sollte die Frequenz bei 50 Hz liegen. Eine Feinabstimmung können Sie durch Drehung des Jochs beim Eisenkern erzielen.

Experimentelle Aufgaben

1. Messen Sie bei konstanter Spannung die Stromstärke in Abhängigkeit von der Frequenz.

2. Verwenden Sie verschiedene Kombinationen von Kondensatoren und Spulen.
3. Schalten Sie zur Spule einen Widerstand mit einem etwa gleich großen ohmschen Wert in Reihe und messen Sie erneut.

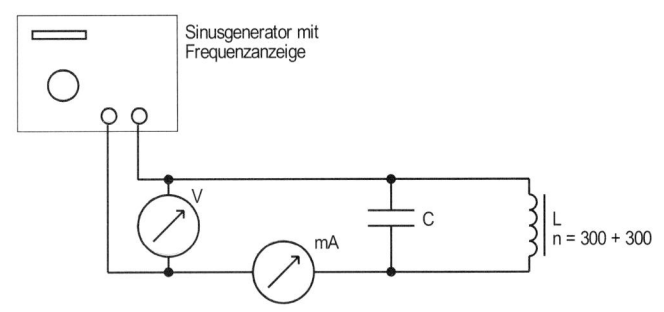

Abb. 1: Schaltbild für die Messung

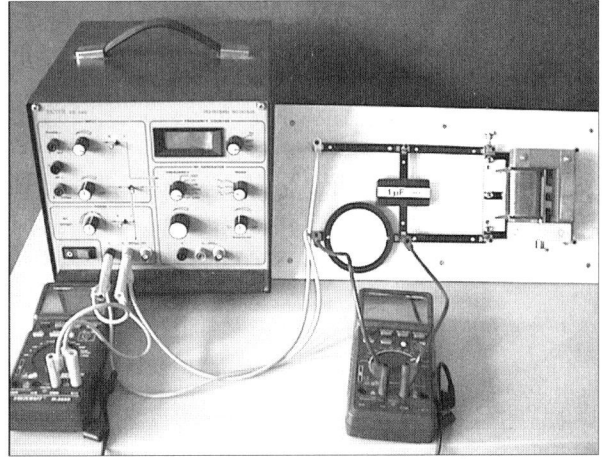

Abb. 4: Versuchsaufbau zum Sperrkreis

Aufgaben zur Auswertung

1. Zeichnen Sie Schaubilder zu den durchgeführten Messungen.
2. Berechnen Sie den Wechselstromwiderstand der Schaltung und daraus für die gemessenen Frequenzen die erwartete Stromstärke. Beachten Sie, dass die Spule auch einen ohmschen Widerstand besitzt. Zeichnen Sie die berechneten Werte in dasselbe Schaubild wie die gemessenen.

Wechselstromwiderstand und Leistungsaufnahme von Lautsprechern

An Audioverstärkern in Stereoanlagen ist i.a. die Impedanz der anzuschließenden Lautsprecher und die Ausgangsleistung angegeben.
Nun ist aber bekanntlich der Wechselstromwiderstand einer Spule, wie sie in Lautsprechern eingebaut ist, von der Frequenz des Wechselstromes abhängig. Was ist also gemeint, wenn von 8 Ohm gesprochen wird?
In kleinen Räumen verwenden wir Stereo-Anlagen mit einer Ausgangsleistung von 20 W bis 200 W; bei großen Open-Air-Konzerten hören wir dagegen die Musik aus Anlagen mit einigen Tausend Watt.

Hinweise und Aufgaben zur Vorbereitung

Wiederholen Sie die Themen *Wechselstromwiderstand* und *Leistung im Wechselstromkreis*.
Beschaffen Sie sich Informationen über die Messung von Daten an Stereo-Anlagen (DIN 45 500).
Beschäftigen Sie sich mit der *Definition der Lautstärke in Dezibel* (z.B. [2], [14]).

Geräte

▷ Sinusgenerator
▷ Einzelne(r) Lautsprecher ohne Frequenzweiche
▷ 3-Wege-Lautsprecherbox
▷ Kopfhörer
▷ Oszilloskop

▷ Mikrofon mit Eichkurve zur objektiven Bestimmung des Schalldrucks
▷ 2 Digitalmultimeter
▷ Gehörschutz

Messmethoden

Messung mit dem Multimeter.
Messung mit dem Oszilloskop.

Bem.: Da wir in einem Frequenzbereich von 20 Hz bis 20 000 Hz messen werden, sind Multimeter zur Bestimmung von Stromstärke und Spannung ungeeignet. Deshalb ist hier die Verwendung eines Oszilloskops angebracht.
Messung der Lautstärke in willkürlichen Einheiten mit einem Mikrofon und dem Oszilloskop.
Subjektive Wahrnehmung der Lautstärke mit dem Ohr.

Hinweise zum Versuchsaufbau

1. Messung des Gleichstromwiderstandes.

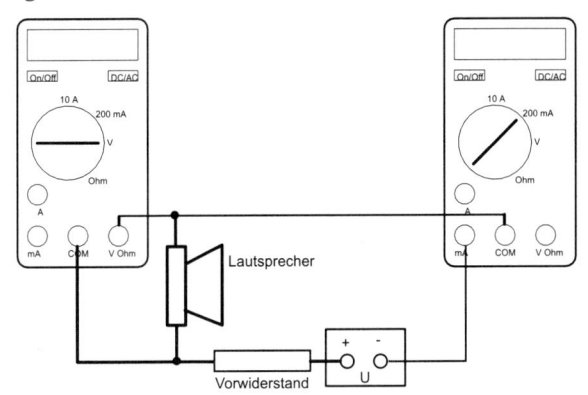

Abb. 1: Bestimmung des ohmschen Widerstandes des Lautsprechers

2. **Wechselstromstärke und Phasenwinkel in Abhängigkeit von der Frequenz.**
Messung von Stromstärke und Spannung (invertieren!)

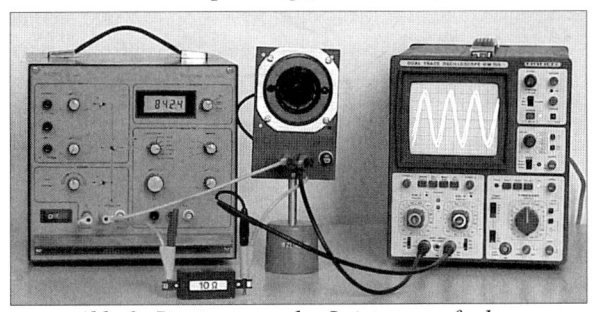

Abb. 2: Bestimmung der Leistungsaufnahme

3. Vom Lautsprecher aufgenommene Leistung in Abhängigkeit von der Frequenz

Der Abstand des Mikrofons zum Lautsprecher muß konstant gehalten werden.

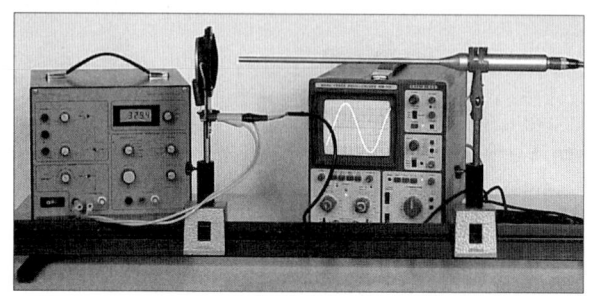

Abb. 3: Messung der Lautstärke

Experimentelle Aufgaben

Führen Sie die folgenden Messungen jeweils für den einzelnen Lautsprecher ohne Frequenzweiche und für die 3-Wege-Lautsprecherbox durch.
Es empfiehlt sich, in einem Vorversuch zu testen, ob die gewählten Einstellungen mit dem Lärmempfinden der anderen Teilnehmer verträglich sind.

1. Messung des Gleichstromwiderstandes.
Verwenden Sie Gleichspannungen um 1 V. Bei kleinen Lautsprechern sollten Sie einen Vorwiderstand von 20 Ω in Reihe schalten.

2. Wechselstromstärke und Phasenwinkel in Abhängigkeit von der Frequenz.
Legen Sie die Wechselspannung des Sinusgenerators an und verändern Sie die Frequenz von 20 Hz bis 20 000 Hz. Achten Sie dabei auf eine konstante Spannung

Schwingungsdauer T in ms	*Frequenz* f in Hz	*Stromstärke* I in mA	*Zeitdifferenz* Stromstärke, Spannung in ms	*Phasenwinkel*

3. Vom Lautsprecher aufgenommene Leistung in Abhängigkeit von der Frequenz

Wählen Sie dieselben Frequenzen wie in 2., stellen Sie mit Hilfe des am Oszilloskop angeschlossenen Mikrofons jeweils eine konstante Lautstärke ein und bestimmen Sie dann wie in 2. die aufgenommene Leistung.

4. Subjektive Lautstärke

Schätzen Sie mit dem Ohr die subjektive Lautstärke für folgende Frequenzen bei konstanter Lautstärke (Mikrofon) ab (siehe auch [14]).

f in Hz	unhörbar		*Lautstärke*				sehr laut
110	0 □	1 □	2 □	3 □	4 □	5 □	6 □
220	0 □	1 □	2 □	3 □	4 □	5 □	6 □
440	0 □	1 □	2 □	3 □	4 □	5 □	6 □
880	0 □	1 □	2 □	3 □	4 □	5 □	6 □
usw.							

5. Lautstärkestufen

Der folgende Versuch ist auch mit Kopfhörer möglich.
Stellen Sie für die Frequenz 440 Hz nacheinander die Lautstärke in 3 subjektiv gleichen Lautstärkestufen ein und bestimmen Sie die zugehörigen Aufnahmeleistungen. Bitten Sie auch Mitschüler darum, die Lautstärkestufen ohne Beachtung der Messgeräte einzuschätzen, und lesen Sie ab.

Aufgaben zur Auswertung

Führen Sie die Berechnungen 2. bis 6. für alle Lautsprecher durch.
1. Berechnen Sie den Gleichstromwiderstand des einzelnen Lautsprechers.
2. Berechnen Sie den Wechselstromwiderstand der Lautsprecher in Abhängigkeit von der Frequenz und zeichnen Sie ein Schaubild.
3. Berechnen Sie mit den Werten aus 1. und 2. die Induktivität L des Lautsprechers.
4. Berechnen Sie die Leistungsaufnahme der Lautsprecher in Abhängigkeit von der Frequenz und zeichnen Sie ein Schaubild.
5. Zeichnen Sie in das Schaubild von 4. ein Schaubild für die Lautstärke in Abhängigkeit von der Frequenz.
6. Zeichnen Sie zur Messung 5 ein Schaubild der subjektiv empfundenen Lautstärke in Abhängigkeit von der Leistungsaufnahme.

Elektronen in magnetischen Feldern I: Fadenstrahlrohr

Nicht nur in Bildröhren von Computer- und Fersehbildschirmen werden geladene Teilchen durch magnetische Felder abgelenkt. Auch bei modernen Teilchenexperimenten und im Weltall zwingen starke magnetische Felder Elektronen auf Schraubenbahnen.
In diesem Experiment werden Elektronen in ein magnetisches Querfeld eingeschossen. Ihre Bahn wird sichtbar, wenn einzelne Elektronen Atome des Restgases der verwendeten Röhre durch Stöße anregen.

Hinweise und Aufgaben zur Vorbereitung

Beschäftigen Sie sich mit dem Thema *Ablenkung von Elektronen in magnetischen Querfeldern.*

Geräte

- ▷ Fadenstrahlröhre
- ▷ Betriebsgerät
- ▷ Helmholtz-Spulenpaar
- ▷ Gleichspannungsnetzgerät für die Helmholtzspulen, 5 A
- ▷ Spiegel mit mindestens der Höhe der Röhre
- ▷ Overhead-Stift
- ▷ Maßstab

Messmethoden

Messung der magnetischen Flussdichte mit der Hallsonde.
Parallaxenfreie Messung des Kreisbahndurchmessers nach folgender Methode: Ziel ist es, den höchsten Punkt H und den tiefsten Punkt T der Bahn orthogonal auf einen Spiegel hinter der Röhre zu projizieren.
Stellen Sie den Spiegel möglichst parallel zur Bahnebene hinter die Röhre. Betrachten Sie den höchsten Punkt H der Bahn so, dass er mit seinem Spiegelbild zusammenfällt; Ihre Partnerin oder Ihr Partner bewegt nun den Stift so lange nach Ihren Anweisungen vor dem Spiegel, bis seine Spitze ebenfalls auf einer Gerade

mit H und seinem Spiegelbild liegt. An dieser Stelle wird ein Punkt auf dem Spiegel markiert.
Gehen Sie mit dem tiefsten Punkt der Bahn T genauso vor.
Der Abstand der beiden Punkte auf dem Spiegel ist gleich dem Durchmesser der Kreisbahn.

Hinweise zum Versuchsaufbau

Schließen Sie die Helmholtz-Spulen in Reihe an das Gleichspannungsnetzgerät an. Achten Sie dabei darauf, dass die Stromrichtung in beiden Spulen die gleiche ist. Untersuchen Sie das Magnetfeld zur Sicherheit auf Homogenität.
Achten Sie beim Anschluss der Beschleunigungs- und der Wehnelt-Spannung auf die Polung.

Vorsicht!
Die Beschleunigungsspannung kann über 200 V betragen. Achten Sie deshalb besonders darauf, dass keine Kontakte berührt werden können und dass das Netzgerät erst eingeschaltet wird, wenn Sie die Schaltung nicht mehr verändern!

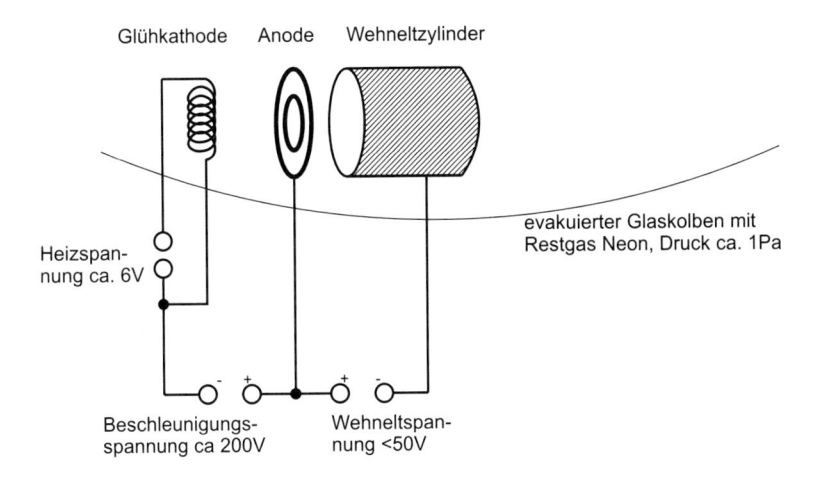

Abb. 1: Erzeugung und Bündelung des Elektronenstrahls

Experimentelle Aufgaben

Vorversuch
Nähern Sie einem Oszilloskop oder einem Schwarzweißbildschrim <u>vorsichtig</u> von der Seite einen nicht zu starken Stabmagneten und beobachten Sie die Ablenkung des Leuchtpunktes auf dem Schirm.

Vermessung der Kreisbahnen
Bestimmen Sie für verschiedene Kombinationen von Beschleunigungsspannung und Stromstärke in den Spulen den Bahnradius der Elektronen.

Beobachtung von Schraubenbahnen
Drehen Sie die Röhre etwas um eine vertikale Achse, sodass sich die Elektronen nicht mehr orthogonal zu den magnetischen Feldlinien bewegen.

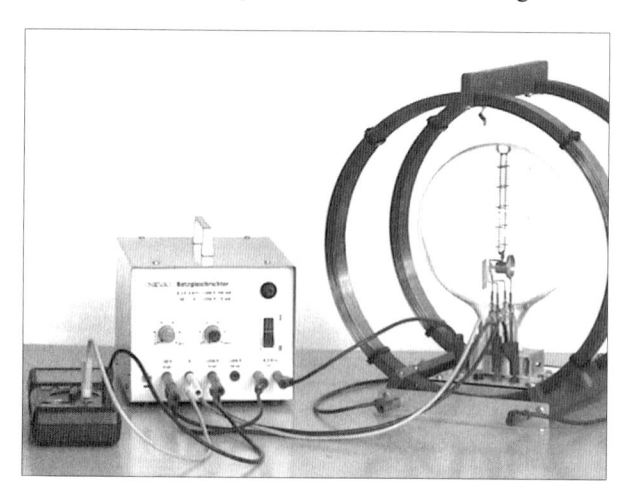

Abb. 2: Versuchsaufbau ohne Stromversorgung für die Helmholtzspulen

Aufgaben zur Auswertung

Berechnen Sie aus Ihren Messungen jeweils die spezifische Elektronenladung sowie deren Mittelwert und Standardabweichung.
Simulieren Sie die Bewegung der Elektronen mit Hilfe einer Tabellenkalkulation.

Elektronen in magnetischen Feldern II: *e/m* nach Busch

Im folgenden Experiment soll die Bahn von Elektronen in magnetischen Feldern untersucht werden. Jetzt werden die Elektronen aber nicht wie beim Fadenstrahlrohr senkrecht zum magnetischen Feld eingeschossen, sondern treten innerhalb einer Braunschen Röhre unter einem Winkel von einigen Grad in das Magnetfeld ein.
Der Elektronenstrahl wird sogar durch ein elektrisches Wechselfeld aufgeweitet. Trotzdem gelingt es bei geeigneter Wahl des Magnetfeldes, dass die Elektronen wieder in einem Punkt des Schirmes fokussiert werden; man spricht von *magnetischen Linsen*. Dasselbe Verfahren wird auch in Elektronenmikroskopen zur Fokussierung des Elektronenstrahles verwendet.

Hinweise und Aufgaben zur Vorbereitung

Beschäftigen Sie sich mit den Themen *Ablenkung von Elektronen in elektrischen Querfeldern* und *Bewegung von Elektronen, die unter einem von 90° verschiedenen Winkel in ein Magnetfeld eingeschossen werden*.
Überlegen Sie sich, welche Bedingungen erfüllt sein müssen, damit ein nicht parallel zu den magnetischen Feldlinien eingeschossenes Elektron auf dem Punkt des Schirmes auftrifft, der auf derselben magnetischen Feldlinie liegt wie der Einschusspunkt. Zeichnen Sie eine Skizze.
Informieren Sie sich über die Funktionsweise eines Rasterelektronenmikroskopes.

Geräte

- ▷ Braunsche Röhre
- ▷ Betriebsgerät für die Braunsche Röhre
- ▷ Digitalmultimeter zur Messung der Beschleunigungsspannung
- ▷ Netztrafo zur Erzeugung der horizontalen Ablenkspannung
- ▷ Helmholtz-Spulenpaar
- ▷ Gleichspannungsnetzgerät für die Spulen
- ▷ Digitalmultimeter zur Messung der Spulenstromstärke
- ▷ Hallsonde mit Betriebsgerät

Messmethoden

Messung der magnetischen Flussdichte mit der Hallsonde.
Messung der Spannungen mit Digitalmultimeter.

Hinweise zum Versuchsaufbau

Schließen Sie die Helmholtz-Spulen in Reihe an das Gleichspannungsnetzgerät an. Achten Sie dabei darauf, dass die Stromrichtung in beiden Spulen die gleiche ist. Untersuchen Sie das Magnetfeld zur Sicherheit auf Homogenität.
Stellen Sie die Braunsche Röhre so in die Helmholtz-Spulen, dass der nicht abgelenkte Strahl mit der Spulenachse zusammenfällt.
Achten Sie beim Anschluss der Beschleunigungs- und der Wehnelt-Spannung auf die Polung. Die Röhre braucht eine Vorheizzeit von einigen Minuten, bevor auf dem Schirm ein Leuchtpunkt beobachtet werden kann.

> **Vorsicht!**
> Die Beschleunigungsspannung kann über 200 V betragen. Achten Sie darauf, dass keine Kontakte berührt werden können und dass das Netzgerät erst eingeschaltet wird, wenn Sie die Schaltung nicht mehr verändern!

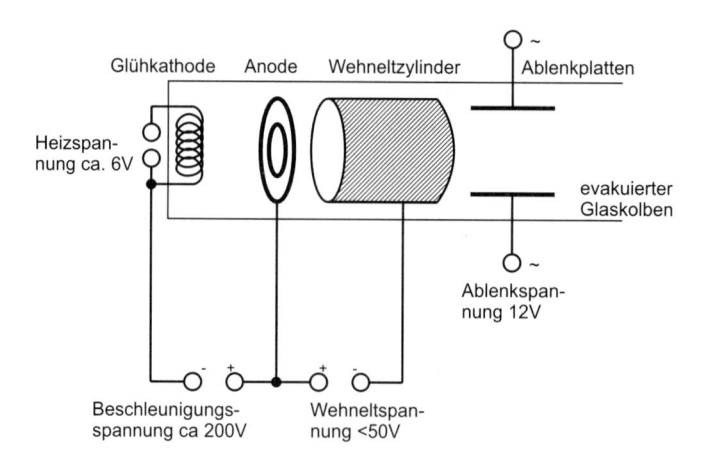

Abb. 1: Erzeugung des Elektronenstrahls und Ablenkung bei der Braunschen Röhre

Experimentelle Aufgaben

1. Beschleunigen Sie die Elektronen mit einer Spannung von 200 V und fokussieren Sie den Elektronenstrahl mit der Wehnelt-Spannung so gut wie möglich.
2. Legen Sie an die horizontalen Ablenkplatten eine Wechselspannung mit $U_{eff} = 12$ V an.
3. Erhöhen Sie die Spulenstromstärke langsam, bis sich das Bild auf dem Leuchtschirm gedreht und zu einem Punkt zusammengezogen hat.
4. Führen Sie die Messung 3 für mehrere Beschleunigungsspannungen durch.
5. Nehmen Sie, sofern noch nicht in einem früheren Experiment geschehen, eine Kurve der Flussdichte der Helmholtz-Spulen in Abhängigkeit von der Spulenstromstärke auf.

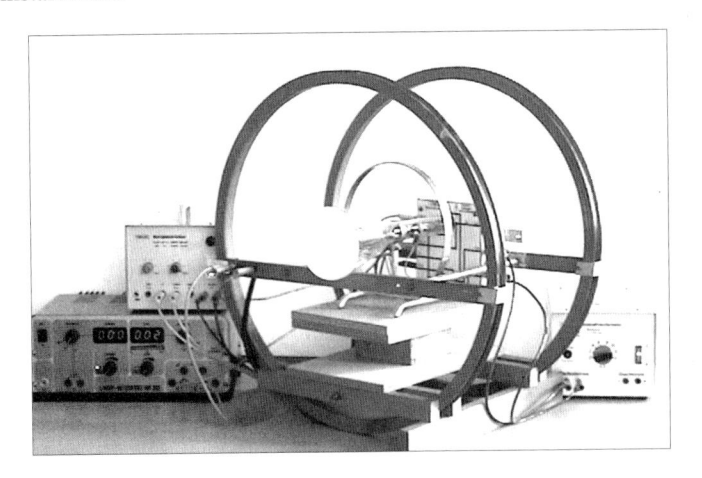

Abb. 2: Braunsche Röhre im Helmholtz-Spulenpaar

Aufgaben zur Auswertung

Leiten Sie eine Gleichung zur Bestimmung von *e/m* aus den Versuchsdaten her.
Berechnen Sie aus Ihren Messergebnissen *e/m*.
Stellen Sie eine Abschätzung des zu erwartenden Fehlers an.

Halleffekt

Der Halleffekt wurde 1879 vom amerikanischen Physiker *Edwin Herbert Hall* entdeckt.
Mit ihm können wir nicht nur die Zahl der Ladungsträger pro 1 cm³ in einem Leiter oder Halbleiter bestimmen, sondern auch, welches Vorzeichen ihre Ladung hat.
In der Technik wird der Halleffekt zur Bestimmung magnetischer Flussdichten benutzt. Da es nicht sinnvoll ist, den Effekt, den man untersuchen will, zur Messung zu verwenden, soll das Magnetfeld mit Hilfe eines stromdurchflossenen Leiters gemessen werden.
Für Schülerversuche zum Halleffekt eignen sich dünne Halbleiterplättchen am besten; manchmal verwendet man auch Metallfolien, die aber mit wesentlich größeren Strömen betrieben werden müssen, um eine nachweisbare Hallspannung zu erzeugen.

Hinweise und Aufgaben zur Vorbereitung

Wiederholen Sie die Themen *Kraft auf einen stromdurchflossenen Leiter im Magnetfeld, Induktionsspannung in einer von einem magnetischen Wechselfeld durchsetzten Spule* und *Teilchen in elektrischen und magnetischen Feldern*.
Leiten Sie die Gleichung für die Hallspannung in Abhängigkeit von den Abmessungen des Leiterplättchens, der Ladungsträgerdichte und der Flussdichte des Magnetfeldes her.

Geräte

▷ Leiterplatte mit Halbleiterplättchen und Potentiometer
▷ Gleichspannungsnetzgerät für den Querstrom
▷ Eisenkern mit geringer Remanenz
▷ 2 Spulen, $n = 250$
▷ Gleichspannungsnetzgerät zum Betrieb des Elektromagneten
▷ Multimeter zur Messung der Querstromstärke
▷ Multimeter zur Messung der Spulenstromstärke
▷ empfindliches Multimeter oder Messverstärker zur Messung der Hallspannung

Messmethoden

Messung der magnetischen Flussdichte z.B. mit Hilfe der Methode der Kraft auf einen stromdurchflossenen Leiter (siehe auch „Bestimmung der Flussdichte eines Elektromagneten").

Hinweise zum Versuchsaufbau

Bauen Sie einen Elektromagneten mit einem möglichst großen homogenen Feldbereich auf. Zum Einbau des Hall-Plättchens zwischen die Polschuhe müssen Sie diese auseinanderziehen.
Trotzdem müssen Sie für die Messung der Flussdichte und für die Bestimmung der Hallspannung denselben Abstand der Polschuhe einstellen. Dies erreichen Sie, indem Sie in beiden Fällen der Trägerplatte des Halbleiterplättchens eine Kunststoffplatte mit ca. 3 mm Dicke beilegen und beide Platten zwischen die Polschuhe halten, während Sie diese zusammenschieben (siehe Abb 3).

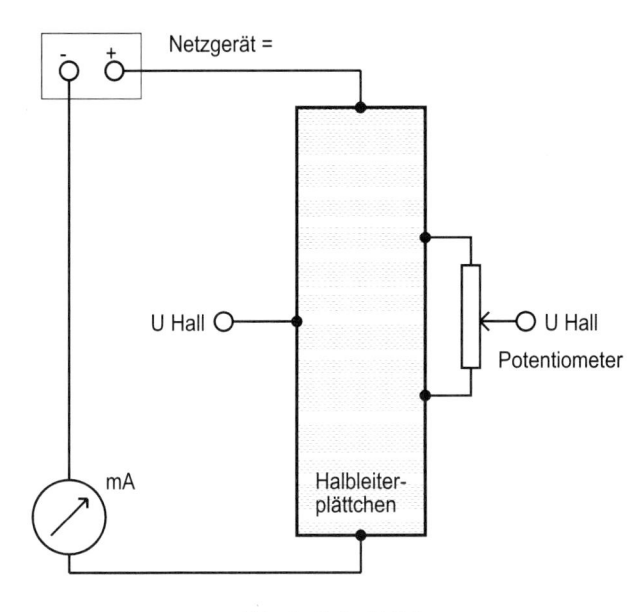

Abb. 1: Schaltbild

94 Experimente

Bauen Sie die Schaltung gemäß dem Schaltbild Abb. 1 auf. Das Plättchen befindet sich meist auf einer vorgefertigten Leiterplatte mit dem Potentiometer zum Abgleich. Beachten Sie die Vorgaben des Herstellers (siehe Betriebsanleitung). Stellen Sie die maximal zulässige Querstromstärke ein und gleichen Sie ohne Magnetfeld mit dem Potentiometer die Spannung U_H auf 0 V ab.

Experimentelle Aufgaben

1. Eichen Sie das Magnetfeld.
2. Messen Sie die Hallspannung in Abhängigkeit von der Querstromstärke bei maximal zulässiger Spulenstromstärke bzw. Flussdichte.
3. Messen Sie die Hallspannung in Abhängigkeit von der Flussdichte bei maximal zulässiger Querstromstärke.

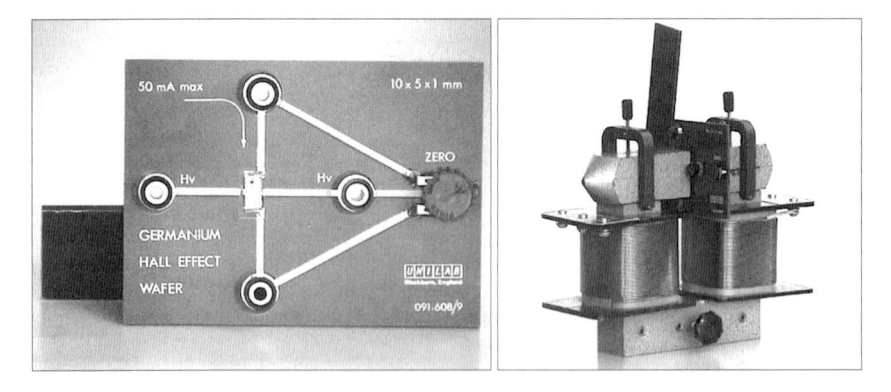

Abb. 2, 3: Leiterplatte mit Germanium-Plättchen, Elektromagnet mit beigelegter Kunststoffplatte

Aufgaben zur Auswertung

1. Erklären Sie die Aufgabe des Potentiometers bei der Schaltung.
2. Zeichnen Sie zu den Messungen 2 und 3 Schaubilder und vergleichen Sie die in der Vorbereitung hergeleiteten Abhängigkeiten mit Ihren Messergebnissen.
3. Berechnen Sie aus allen Messungen die Ladungsträgerdichte des verwendeten Halbleiterplättchens. Bilden Sie einen Mittelwert und berechnen Sie die Standardabweichung.

Bestimmung der Schallgeschwindigkeit

Schall breitet sich in Luft mit einer endlichen Geschwindigkeit aus. Das merken wir z.B. bei einem Gewitter. Im Vergleich zum Licht des Blitzes, das uns in einer zu vernachlässigenden Zeit erreicht, benötigt der Donner ungefähr eine drittel Sekunde je Kilometer. Die Schallgeschwindigkeit im Physiksaal zu bestimmen, erfordert einiges experimentelle Geschick, da die zur Verfügung stehenden Wege sehr klein sind.

Hinweise und Aufgaben zur Vorbereitung

Beschäftigen Sie sich mit den Themen *Gleichförmige Bewegung*, *Schallausbreitung*, *Lautstärke des Schalls* und *Statistische Auswertung von Experimenten* und klären Sie speziell die Begriffe *Varianz* und *Standardabweichung*.

Geräte

▷ Sinusgenerator mit Frequenzmesser
▷ Lautsprecher
▷ 2 gleichartige Mikrofone
▷ Vorverstärker
▷ Computer mit Interface und Speicheroszilloskop

▷ Maßband
▷ Lineal o.ä. zum Knallen
▷ Kondensator
▷ Zweikanal-Oszilloskop
▷ optische Bank, Länge 1m
▷ Reiter für die optische Bank

Messmethoden

1. Start-Stopp-Methode

Um die konstante Geschwindigkeit eines akustischen Signals zu messen, brauchen wir eine feste Strecke, Sensoren (Mikrofone), die das Signal am Anfang und am Ende der Strecke registrieren, und eine Uhr, die die Zeit zwischen dem Ansprechen der beiden Sensoren mißt.
Versucht man, mit einer elektronischen Stoppuhr und zwei Mikrofonen die Geschwindigkeit des Schalls zu messen, erfährt man oft eine herbe Enttäuschung:

Auch wenn das Signal (Knall) noch so kurz ist, lösen die Mikrofone doch nicht genau zur gleichen Phase aus, so dass mit erheblichen Ungenauigkeiten zu rechnen ist.

Um dies zu vermeiden, registrieren wir nicht nur die Zeit zwischen dem Ansprechen der beiden Mikrofone, sondern auch die ankommenden Schwingungen. So können wir bei der Auswertung die gesuchte Zeit genau bestimmen. Dies geschieht mit einem Speicheroszilloskop.
Siehe „Messen mit dem Oszilloskop".

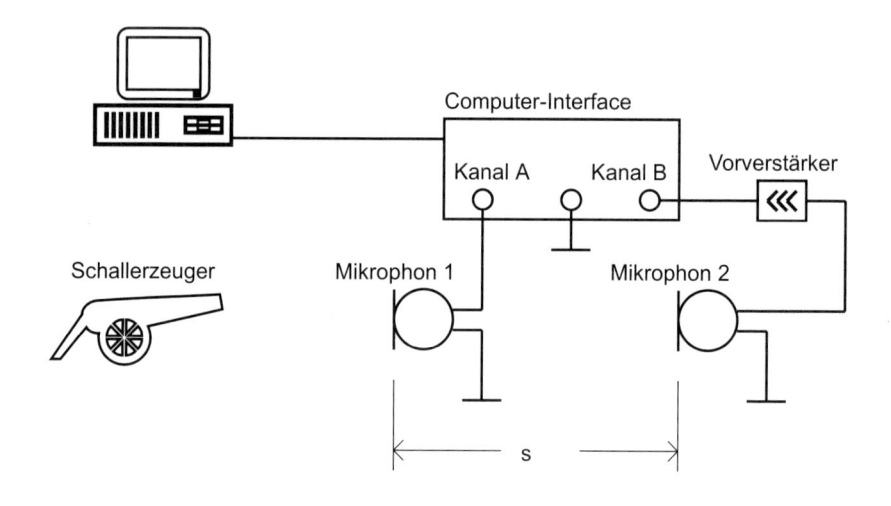

Abb. 1: Versuchsaufbau zur Start-Stopp-Methode

2. Phasenvergleich mit dem Oszilloskop

Hier wird die Phase des mit einem Mikrofon empfangenen Signals mit der des Sinusgenerators verglichen.
Verändern wir den Abstand zwischen Lautsprecher und Mikrofon, ändert sich die Phasendifferenz der beiden Signale. Die Abstände, bei denen sich die Phasendifferenzen wiederholen, sind Vielfache der Wellenlänge.

3. Variante der Phasenvergleichs-Methode

Besonders deutlich sehen wir die Phasenbeziehung zwischen den beiden Signalen, wenn das Ausgangssignal des Sinusgenerators an der Horizontalablenkung des Oszilloskops angeschlossen wird. Beim Verschieben des Mikrofons sind nun abwechselnd Strecken und Ellipsen auf dem Schirm zu erkennen.

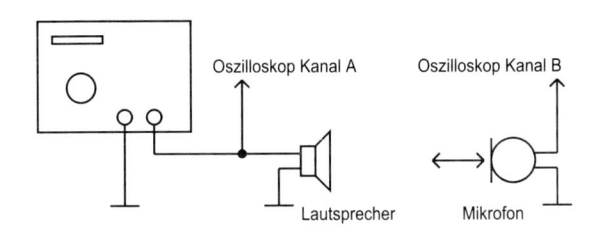

Abb.2: Versuchsaufbau zur Phasenvergleichsmethode

Hinweise zum Versuchsaufbau

Sie sollten darauf achten, dass keine glatten, ebenen Flächen in der Nähe Ihrer Messstrecke sind, um Reflexionen zu vermeiden.

1. Start-Stopp-Methode

Verwenden Sie als Schallerzeuger ein Lineal oder eine Holzleiste, mit der Sie möglichst laut auf den Tisch schlagen. Einen gut reproduzierbaren Knall gibt auch die Entladung eines Kondensators über einen Lautsprecher.
Stellen Sie das erste Mikrofon im Abstand von ca. 1m vom Schallerzeuger auf, das zweite in verschiedenen Abständen zwischen 2 m und 5 m.
Verstärken Sie das Signal des zweiten Mikrofons mit Hilfe eines Vorverstärkers.

2. und 3. Phasenvergleich mit dem Oszilloskop

Bauen Sie das Mikrofon auf einer 1 m langen optischen Bank auf und stellen Sie den Lautsprecher auf derselben Höhe wie das Mikrofon davor.

Experimentelle Aufgaben

1. Messen Sie in einem Vorversuch die Abhängigkeit der mit einem Mikrofon gemessenen Lautstärke in Abhängigkeit vom Abstand zum Lautsprecher.
2. Bestimmen Sie nach der Start-Stopp-Methode mit verschiedenen Messstrecken die Geschwindigkeit des Schalls. Führen Sie mindestens 20 Messungen durch.
3. Verwenden Sie die Phasenvergleichsmethode mit verschiedenen Frequenzen. Verschieben Sie dabei das Mikrofon so, dass Sie den Abstand von zwei Positionen mit dem Phasenwinkel 0° messen können.

Aufgaben zur Auswertung

1. Zeichnen Sie zur Messung 1 ein Schaubild. Können Sie ein Abstandsgesetz angeben?
2. Zeichnen Sie das Schaubild des vermuteten Abstandsgesetzes in dasselbe Koordinatensystem wie in 1.
3. Berechnen Sie die Schallgeschwindigkeit in Luft aus den Messungen 2 und 3, sowie den Mittelwert und die Standardabweichung.

Bemerkung: Die Aufgaben zur Auswertung können auch mit Hilfe einer Tabellenkalkulation und einem Computer bearbeitet werden.

Saiteninstrumente

In diesem Experiment sollen am Beispiel der Saiteninstrumente stehende Querwellen untersucht werden. Dabei entsprechen den akustischen Eigenschaften der Instrumente physikalische, die hier in Messungen genauer erkundet werden. Selbstverständlich können die Experimente auch mit einer Elektrogitarre durchgeführt werden.

Hinweise und Aufgaben zur Vorbereitung

Beschäftigen Sie sich mit den Themen *Reflexion von Querwellen am festen Ende, stehende Querwellen auf einem linearen Wellenträger, Eigenschwingungen eines linearen Wellenträgers* und *Schwebungen*.

Geräte

▷ Saiteninstrument mit Metallsaite oder Monochord
▷ Stimmgabel
▷ Stroboskop
▷ Digitalmultimeter
▷ Spule mit hoher Windungszahl und Eisenkern zur Registrierung der Saitenbewegung, z.B. aus einem Relais. Evtl. selbst wickeln!
▷ Elektromagnet zur Anregung der Saitenbewegung (s.o.)
▷ Niederfrequenz(NF)-Verstärker
▷ Sinusgenerator
▷ Oszilloskop

Messmethoden

Frequenzbestimmung mit dem Stroboskop.
Frequenzmessung mit dem Digitalmultimeter.
Frequenzmessung mit dem Oszilloskop.
Rückkoppelung der Saitenschwingung über einen Elektromagneten.
Frequenzvergleich durch Wahrnehmung der Schwebungsfrequenz.

Hinweise zum Versuchsaufbau

1. Schließen Sie den Tonabnehmer (1. Spule) am Oszilloskop an und bringen Sie ihn in der Nähe der schwingenden Saite so an, dass Sie ein deutliches Signal im Oszilloskop sehen.
2. Verstärken Sie das Signal mit dem NF-Verstärker und schließen Sie an dessen Ausgang die zweite Spule an. Nähern sie die zweite Spule der Saite und erhöhen Sie die Verstärkung, bis Sie einen konstanten Ton erhalten.

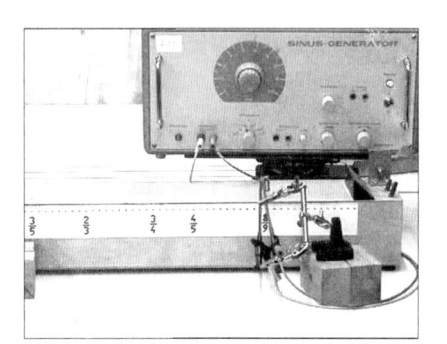

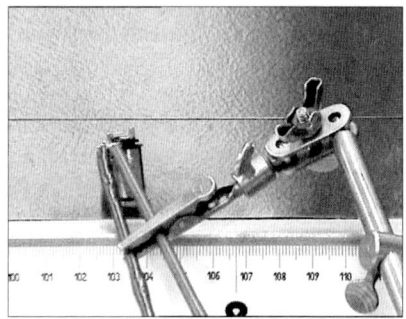

Abb. 1;2: Anregung mit einer Spule; Tonabnehmer-/Anregungsspule

3. (Für die 4. experimentelle Aufgabe) Schließen Sie die zweite Spule an den Ausgang des Sinusgenerators an und stellen Sie dessen Frequenz zuerst einmal auf die Eigenfrequenz der Saite ein. Wählen Sie die Ausgangsspannung so, dass eine deutliche Anregung der Saite erfolgt.

Experimentelle Aufgaben

1. Bestimmen Sie die Frequenz der rückgekoppelten Saitenschwingung mit Stroboskop, Digitalmultimeter und Oszilloskop.
2. Teilen Sie die Saitenlänge in 2, 3, 4 usw. gleiche Teile und messen Sie jeweils die Frequenz.
3. Stimmen Sie nach Gehör die Saite auf die Frequenz der Stimmgabel. Erzeugen Sie Schwebungen, indem Sie gleichzeitig die Stimmgabel anschlagen, und stellen Sie die Saitenspannung so ein, dass die Schwebungsfrequenz möglichst gering ist.

4. Verändern Sie die Frequenz des Sinusgenerators von einem Viertel der Eigenfrequenz der Saite bis zu deren Vierfachem und messen Sie mit dem Oszilloskop die Amplitude der im Tonabnehmer registrierten Spannung.

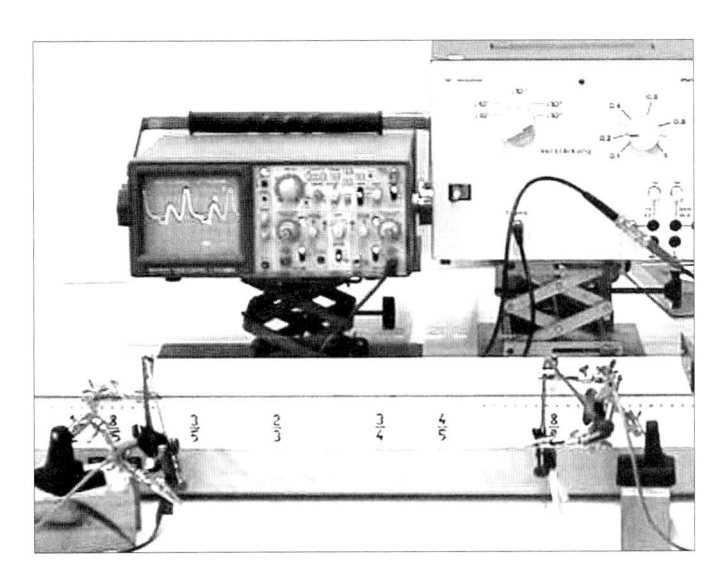

Abb. 3: Versuchsaufbau mit Rückkopplung

Aufgaben zur Auswertung

Zu 1. und 2.: Vergleichen Sie die gemessenen Frequenzen miteinander.
Zu 4.: Zeichnen Sie ein Schaubild, das den gemessenen Zusammenhang darstellt.

Interferenzen bei Ultraschall

Interferenzen entstehen immer dann, wenn sich Wellen von 2 oder mehr Erregern gleicher Frequenz mit fester Phasenbeziehung überlagern. Damit diese Interferenzen genau und in Ruhe betrachtet werden können, ist es sinnvoll, Wellen zu verwenden, deren Wellenlängen im Physiksaal gut messbar sind und deren Amplitude mit einfachen Mitteln zu registrieren ist. Diese Bedingungen erfüllen hochfrequente Schallwellen. Da Töne hoher Frequenzen schlecht auszuhalten sind, werden in diesem Experiment Schallwellen außerhalb des hörbaren Bereichs verwendet.
Erzeugung und Nachweis der Ultraschall-Wellen geschieht mit Piezo-Kristallen, die eine Resonanzfrequenz von ca. 36 kHz besitzen.

Hinweise und Aufgaben zur Vorbereitung

Beschäftigen Sie sich mit den Themen *Hörbarer Bereich der Schallwellen* und *Piezoelektrischer Effekt*.
Wiederholen Sie die Themen *Wellenlänge, Frequenz und Ausbreitungsgeschwindigkeit* sowie *Interferenz von gleichlaufenden, gegeneinander laufenden und sich im Raum ausbreitenden Wellen* und grenzen Sie die dabei beobachtbaren Phänomene voneinander ab.

Geräte

▷ Sinusgenerator
▷ 2 Ultraschallsender
▷ Ultraschallempfänger
▷ Oszilloskop

▷ Optische Bank mit Reitern
▷ Maßband
▷ Evtl. Digitalmultimeter mit Frequenzmessung

Messmethoden

Nachweis des Ultraschalls mit Schallaufnehmer und Oszilloskop.
Vermessung der Interferenzen mit der Skala der optischen Bank bzw. dem Maßband.

Hinweise zum Versuchsaufbau

Für alle Experimente
Verändern Sie am Sinusgenerator die Frequenz des Schallgebers, bis Sie im an den Schallaufnehmer angeschlossenen Oszilloskop eine maximale Amplitude angezeigt bekommen. Überzeugen Sie sich öfters, ob die Frequenz stabil ist.
Sorgen Sie durch geeignete Orientierung von Sendern und Empfängern im Raum, dass störende Reflexionen an Möbeln und Wänden vermieden werden.

1. Gleichlaufende Wellen
Befestigen Sie die beiden Sender auf etwas unterschiedlichen Höhen und den Empfänger in einer mittleren Höhe auf den optischen Reitern.

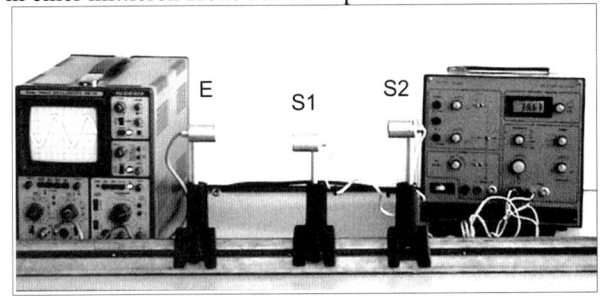

Abb. 1: Versuchsaufbau für gleichlaufende Wellen

2. Gegeneinander laufende Wellen
Der Empfänger hat nur auf einer Seite eine Öffnung. Deshalb ist diese Messung schwierig. Bauen Sie die beiden Sender im Abstand von ca. 80 cm auf und orientieren Sie den Empfänger zum weiter entfernten Sender.
Bringen Sie den Empfänger in eine Position, in der Sie ein deutliches Signal im Oszilloskop sehen, und verschieben Sie dann einen der beiden Sender, bis das Signal maximale Amplitude hat. Warum ist dieses Vorgehen nötig?

3. Reflexion an einer Platte
Ersetzen Sie einen der beiden Sender in 2. durch eine orthogonal zur optischen Bank befestigte ebene Holzplatte.

4. Interferenzen in der Ebene
Befestigen Sie an den Sendern und dem Empfänger Zeiger aus Draht, die möglichst exakt auf den Punkt lotrecht unter der Mitte der Piezoplättchen zeigen (siehe Abb. 3).

Stellen Sie die Sender im Abstand von 40 cm auf dem Tisch auf und markieren Sie deren Position auf einem darunter gelegten DIN-A2-Plakat.

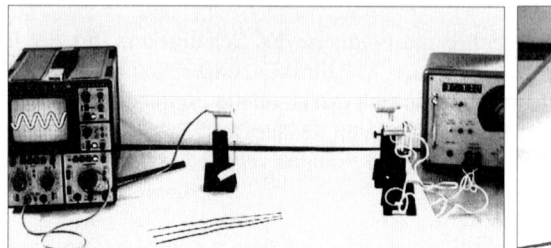

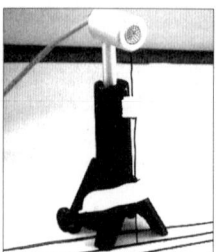

Abb.2; 3: Versuchsaufbau für Interferenzen in der Ebene; Detail

Experimentelle Aufgaben

1. Gleichlaufende Wellen
Verschieben Sie einen der beiden Sender und vermessen Sie die Abstände der auftretenden Minima und Maxima.

2. Gegeneinander laufende Wellen
Verschieben Sie den Empfänger und vermessen Sie die Abstände der auftretenden Minima und Maxima.

3. Reflexion an einer Platte
Verschieben Sie die Platte und vermessen Sie die Abstände der auftretenden Minima und Maxima.

4. Interferenzen in der Ebene
Suchen Sie systematisch mit dem Empfänger nach Interferenzmaxima und markieren Sie diese.

Aufgaben zur Auswertung

Berechnen Sie für die Messungen 1 bis 3 die Wellenlänge und mit der gemessenen Frequenz die Ausbreitungsgeschwindigkeit des Ultraschalls.
Berechnen Sie mit Hilfe Ihrer Ergebnisse die Gleichungen der Ortslinien, auf denen die Maxima der 4. Messung liegen müssen, und zeichnen Sie deren Schaubilder auf das Plakat mit Ihren Messpunkten.

Kohärentes Licht

Für Versuche zur optischen Interferenz ist es wichtig, dass die interferierenden Wellen in einer festen Phasenbeziehung zueinander stehen. Dieses Licht nennt man dann kohärent.
Da kohärentes Licht für viele Experimente gebraucht wird, soll dessen Herstellung hier gesondert beschrieben werden.
Bei Verwendung von heißen Körpern wie Glühlampen oder Gasentladungen als Lichtquellen, wird das Licht von einzelnen voneinander unabhängigen Atomen ausgestrahlt. Außerdem entsteht Licht ganz verschiedener Wellenlängen. Deshalb kann nicht davon ausgegangen werden, dass es sich um kohärentes Licht handelt.
Um auch solche Lichtquellen verwenden zu können, muß ihre scheinbare Größe durch einen Spalt eingeschränkt werden, denn die Interferenzmuster von verschiedenen Punkten der Lichtquelle dürfen sich nicht gegenseitig so überlagern, dass sie nicht mehr erkennbar sind.
Um nur Licht einer Wellenlänge zu erhalten, kann ein Interferenzfilter verwendet werden. Für die meisten Beugungsexperimente ist aber mehrfarbiges Licht erwünscht, um die Beugungswinkel bei unterschiedlichen Wellenlängen zu untersuchen.

Hinweise zur Vorbereitung

Beschäftigen Sie sich mit dem Thema *Interferenz am Doppelspalt* und versuchen Sie zu verstehen, warum nur eine feste Phasenbeziehung zwischen den Teilstrahlen konstruktive oder destruktive Interferenzen möglich macht.

Geräte

▷ Lichtquelle
▷ Kondensorlinse
▷ Beleuchtungsspalt

▷ Linse $f = 50$ mm zur Abbildung
▷ evtl. Interferenzfilter; **Vorsicht: sehr teuer!**

Hinweise zum Aufbau

Bündeln Sie das Licht der Lichtquelle mit der Kondensorlinse so gut wie möglich auf den Beleuchtungsspalt, sodass er vollständig beleuchtet ist. Dieser wird anschließend scharf auf den Schirm abgebildet. Erst dann wird das beugende Objekt, z.B. das Gitter, in den Strahlengang gebracht.

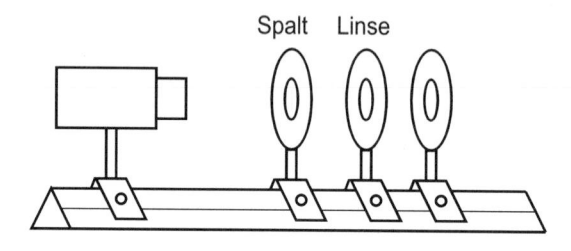

Abb.1: Aufbau

Ist dies, wie z.B. bei einem Reflexionsgitter, schlecht möglich, so empfiehlt sich ein anderes Verfahren zur Einstellung der Schärfe: Der Beleuchtungsspalt wird fast vollständig geschlossen. Da kein Spalt perfekt (sauber) ist, werden jetzt bei einer scharfen Einstellung und einer vertikalen Orientierung des Spaltes im Beugungsbild horizontale dunkle Streifen sichtbar.
Im Falle der CD genügt es, das Hauptmaximum, das unter dem selben Winkel wie bei ebenen Spiegeln zu finden ist, scharf zu stellen.

Abb. 2: Einfache Anordnung für Beugungsversuche

Beugung an CD und Seidentuch

Das Phänomen der Beugung an optischen Gittern ist aus dem Unterricht bekannt. Beugungserscheinungen sind jedoch auch an Gegenständen des Alltags zu beobachten. Das farbige Schillern der Unterseite von CDs z.B. ist bereits ohne experimentelle Anordnung bei Tageslicht zu beobachten.
Das Seidentuch wird in unserem Experiment als Transmissionsgitter, die CD als Reflexionsgitter verwendet.
Mit der CD als Reflexionsgitter lassen sich in der Nacht sehr einfach die Spektren von Lichtquellen untersuchen, die relativ weit entfernt sind und deshalb nahezu punktförmig erscheinen.

Hinweise und Aufgaben zur Vorbereitung

Beschäftigen Sie sich mit dem Thema *Beugung am Gitter*, auch für den Fall des *schrägen Einfalls*.
Ergründen Sie die Unterschiede im Erscheinungsbild und in der Entstehung von kontinuierlichen Spektren und Linienspektren.

Geräte

▷ Laser-Pointer
▷ Apparatur zur Herstellung kohärenten Lichts
▷ Seidentuch
▷ CD
▷ Schirm

▷ Maßband
▷ Schieblehre
▷ Mikroskop
▷ Diverse Lichtquellen: Energiesparlampe, Straßenlaterne, ...

Messmethoden

Bestimmung von Beugungswinkeln aus den Abständen der Maxima auf dem Schirm mit Hilfe der Winkelfunktionen.
Bestimmung des Fadenabstandes mit dem Mikroskop.

Hinweise zum Versuchsaufbau

Für die Freihandversuche genügt es, Laser-Pointer und CD bzw. Tuch in die Hand zu nehmen.

Vorsicht!
Auch das Licht von Laser-Pointern gefährdet die Augen!

Für eine quantitative Beobachtung müssen die Teile auf einer optischen Bank montiert werden.

Abb. 1: Versuchsaufbau mit CD von oben. Auf dem Schirm ist rechts das Hauptmaximum, links das 1. Nebenmaximum zu erkennen.

Die CD wird in einem Halter eingeklemmt und in einem Winkel von 45° zur optischen Achse aufgestellt. Das Licht sollte in einem Bereich auf die Oberfläche treffen, in dem die (runden) „Rillen" die gleiche Richtung haben wie der Spalt. Das Seidentuch sollte möglichst glatt aufgespannt sein.

Experimentelle Aufgaben

Freihand

Leuchten Sie in einem abgedunkelten Raum mit einem Laser-Pointer durch das Seidentuch bzw. spiegeln Sie das Lichtbündel des Lasers mit der CD und beobachten Sie die Erscheinungen an der Wand.

Messungen

1. Erzeugen Sie Beugungsbilder mit den beiden beugenden Objekten.
2. Verwenden Sie monochromatisches Licht. Vermessen Sie die Beugungswinkel der Maxima. Beim Seidentuch liegen die Maxima sehr eng beieinander. Messen Sie hier die Abstände möglichst vieler Maxima, um genauere Werte zu erhalten.
3. Verwenden Sie jetzt mehrfarbiges Licht. Beobachten Sie bei der Beugung an der CD das entstehende Spektrum. Vermessen Sie für mindestens drei Farben die Abstände zum Hauptmaximum.

Beobachtung von Spektren beliebiger einigermaßen punktförmiger Lichtquellen

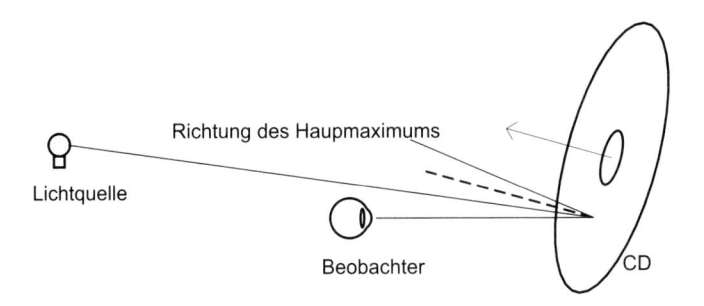

Abb.2: Freihandversuch zur Untersuchung von Spektren

Verwenden Sie für das folgende Experiment **keinen Laser** als Lichtquelle! Halten Sie die CD ca. 15 cm vor ein Auge und verwenden Sie sie als Spiegel, um die zu untersuchende Lichtquelle zu sehen. Das Lot auf der CD sollte dabei in der

vom Weg des Lichts von der Lichtquelle zur CD und von dort ins Auge aufgespannten Beobachtungsebene liegen.
Drehen Sie jetzt die CD um eine zur Beobachtungsebene ortogonale Achse, bis Sie in den Rillen das Spektrum der Lichtquelle sehen.
Beobachten Sie die Spektren genau!

Bestimmung der Gitterkonstanten unter dem Mikroskop

Betrachten Sie das Seidentuch unter dem Mikroskop und vermessen Sie, wenn möglich, den Abstand der Fäden.

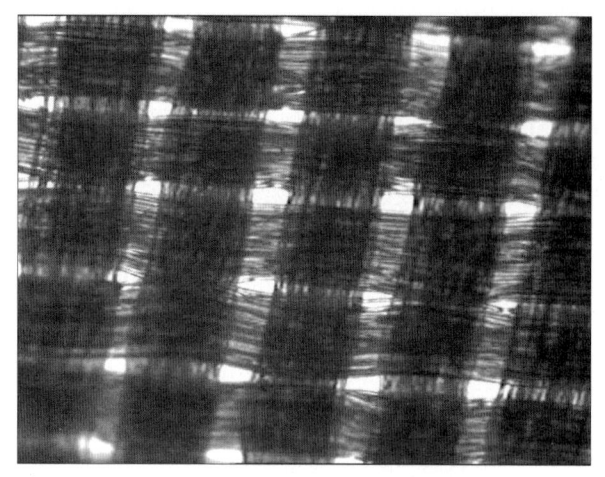

Abb. 2: Seide unter dem Mikroskop

Aufgaben zur Auswertung

Berechnen Sie aus Ihren Messungen die Gitterkonstanten der beiden beugenden Objekte und vergleichen Sie im Fall des Seidentuches mit den unter dem Mikroskop gewonnenen Ergebnissen.
Berechnen Sie für die Messung 3 die zu den Farben gehörenden Wellenlängen.
Skizzieren Sie mit Buntstiften die Spektren der beobachteten Lichtquellen.

Solarkonstante, Leistung der Sonne

Die Sonne bestrahlt unsere Erde u.a. mit Licht und Wärme. Diese Strahlung spüren wir, wenn wir in der Sonne liegen und die Wärme auf unserer Haut empfinden.
Die Strahlung wird in alle Richtungen des Weltraums gestrahlt und nur ein kleiner Teil fällt auf die Erde. Wieviel Strahlung auf eine bestimmte Fläche, z.B. auf 1 m² fällt, wird vom Abstand der Erde von der Sonne bestimmt. Außerdem wird ein Teil der auf die Erde treffenden Strahlung von der Atmosphäre absorbiert.
Wollen wir die gesamte abgestrahlte Leistung der Sonne bestimmen, so müssen wir uns eine Kugel um die Sonne mit einem Radius gleich dem Abstand Erde - Sonne vorstellen. Multiplizieren wir deren Oberflächeninhalt in m² mit der eingestrahlten Leistung je 1 m², erhalten wir die ungefähre Leistung der Sonne.
Für die folgenden Experimente muss die Sonne scheinen. Bereiten Sie die Aufbauten so weit vor, dass Sie die Messungen durchführen können, sobald die Sonne scheint.

Hinweise und Aufgaben zur Vorbereitung

Beschäftigen Sie sich mit den Themen *Energie der Sonne, Wärmetransport durch Strahlung* und *Absorption von Wärmestrahlung in der Atmosphäre*.
Beschäftigen Sie sich mit den Themen *Spezifische Wärmekapazität, (Wärme-) Energie* und *Leistung*.
Entnehmen Sie der Literatur die Entfernung der Erde von der Sonne.
Studieren Sie die folgenden Überlegungen in der Einführung.

Einführung

Pysikalische Größen
Nehmen wir an, die Sonne strahle mit der **Leistung** P_s . Davon erreiche eine bestimmte Fläche mit Inhalt A auf der Erde nur Strahlung der **Leistung** P. Die auf eine Einheitsfläche mit 1m² eingestrahlte Leistung bezeichnet man als **Intensität** $I = P/A$.

Beispiel
Messen wir auf einer Fläche mit dem Inhalt A während der Zeit t die Energiezunahme W, so ist $P = \dfrac{W}{t}$ und $I = \dfrac{P}{A}$.

Abnahme der Intensität mit der Entfernung
Die beiden quadratischen Flächen in verschiedenen Abständen von der Sonne werden von Strahlung der gleichen Leistung durchstrahlt, wenn dazwischen keine Strahlung absorbiert wird.

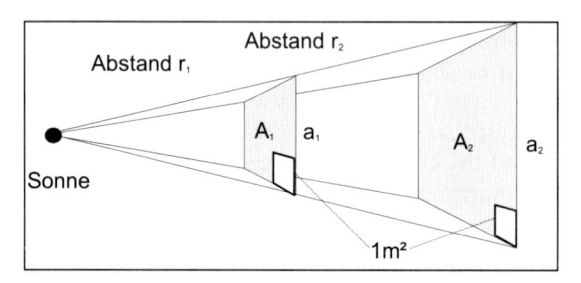

Abb.2: Abnahme der Intensität mit dem Quadrat der Entfernung

Für die Abstände von der Sonne r_1 und r_2 und die Seitenlängen a_1 und a_2 gilt:

$$a_1 : a_2 = r_1 : r_2 \quad (1)$$

Für die Inhalte der Quadrate A_1 und A_2 gilt mit $A = a^2$:

$$A_1 : A_2 = r_1^2 : r_2^2 \quad (2)$$

Für die Intensitäten in verschiedenen Entfernungen I_1 und I_2 gilt dann:

$$I_1 : I_2 = r_2^2 : r_1^2 \quad (3)$$

Die Intensität nimmt also mit dem Quadrat der Entfernungen ab.

In Experiment 3 (s.u.) benutzen wir zwei Strahler mit den Leistungen P_S und P_L in solchen Abständen r_S und r_L, dass wir ihre Intensität als gleich empfinden. Wegen Gleichung (3) verhalten sich dann die Leistungen der beiden Strahler wie die Quadrate der Abstände:

$$P_S : P_L = r_S^2 : r_L^2$$

Materialien und Geräte

▷ Styropor, Pappe, Kleber
▷ Metallkörper, z.B. Aluminium; ca. 100 g
▷ Bohrer für die Löcher zur Aufnahme der Temperatursonde
▷ Elektrische Heizplatte
▷ Stoppuhr
▷ Thermometer; z.B. elektronisches Innen-/Außenthermometer aus dem Baumarkt oder einfaches Stockthermometer
▷ Ringkerntrafo und Energie-/Leistungsmessgerät oder alternativ:
▷ Gleichspannungsnetzgerät und 2 Digitalmultimeter
▷ 60 W-Glühlampe mit Fassung

Messmethoden

Temperaturmessung mit Stockthermometer oder elektronischem Messgerät.
Bestimmung der Energiezunahme aus der Temperaturerhöhung.
Elektronische Messung der elektrischen Leistung.
Subjektive Wahrnehmung der Temperaturerhöhung der Haut.

Hinweise zum Versuchsaufbau

1. Messung mit einem selbstgebauten Pyrheliometer

Die Temperaturerhöhung des Metallkörpers bei Bestrahlung durch die Sonne soll gemessen werden.

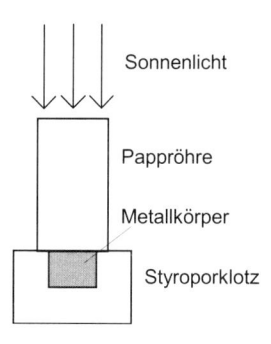

Abb. 2: Aufbau eines Pyrheliometers.

Dazu wird die zur Sonne zeigende Fläche des Körpers berußt, um eine möglichst gute Absorption zu erzielen. Zur Messung der Temperaturerhöhung muß ein Loch für das Thermometer in den Metallkörper gebohrt werden. Zur Verbesserung der Wärmeleitung wird das Loch mit Wärmeleitpaste gefüllt.
Um Wärmeverluste zu verringern, wird der Metallkörper mit Styropor isoliert. Eine Papröhre verhindert die Einstrahlung von anderen Wärmequellen.

2. Abschätzung der Intensität des Sonnenlichts mit Hilfe einer Kochplatte
Verwenden Sie für dieses Experiment eine Kochplatte, die auf der Vorderseite möglichst schwarz ist – evtl. berußen – und statten Sie diese mit einem Temperaturfühler aus.
Zur Leistungsregelung im zweiten Teil des Experiments wird ein Ringkerntrafo benutzt; die Leistungsmessung geschieht mit einem elektronischen Leistungsmesser.
Ist kein Ringkerntrafo vorhanden, können Sie die Platte auch mit Gleichstrom beheizen und aus Stromstärke und Spannung die Leistung bestimmen.

3. Wir spüren die Wärme der Sonne
Vergleich der Sonnenstrahlung mit der Strahlung einer 60 W-Glühlampe mit Hilfe unserer Wärmeempfindung.
Suchen Sie einen Platz in der Sonne mit einem Stromanschluss in der Nähe und schließen Sie eine 60 W-Lampe an.

Experimentelle Aufgaben

1. Messung mit dem selbstgebauten Pyrheliometer
1. Bestimmen Sie den Inhalt der von der Sonne beschienenen Fläche des Metallkörpers.
2. Setzen Sie das Pyrheliometer der Sonne aus. Achten Sie dabei auf möglichst senkrechten Einfall des Sonnenlichts. Bestimmen Sie die Temperatur des Metallkörpers in Abhängigkeit von der Zeit.
Tip zur Erhöhung der Messgenauigkeit: Legen Sie den Metallkörper vor der Messung in den Kühlschrank, um eine Anfangstemperatur unterhalb der Zimmertemperatur zu erreichen. Messen Sie bis zu einer Temperatur, die um soviel über der Zimmertemperatur liegt wie die Anfangstemperatur unterhalb. So wird die Aufnahme von Wärme im ersten Teil der Messung durch die Abgabe ungefähr derselben Wärme im zweiten Teil ausgeglichen.

2. Abschätzung der Intensität des Sonnenlichts mit Hilfe einer Kochplatte

Stellen Sie die Kochplatte in die Sonne, bis die Temperatur konstant bleibt. Auf senkrechten Einfall achten! Die von der Sonne zugeführte Strahlungsleistung ist dann gleich der an die umgebende Luft abgegebene Wärmeleistung. Die Gleichgewichtstemperatur wird gemessen.

Anschließend wird die Kochplatte ins Dunkle gestellt und elektrisch so beheizt, dass dieselbe Gleichgewichtstemperatur erreicht wird. Erhöhen Sie die Spannung nur langsam, denn wenn Sie zuviel geheizt haben, dauert es lange, bis sie sich wieder abgekühlt hat.

Die zugeführte elektrische Leistung entspricht der von der Sonne zugeführten Strahlungsleistung.

3. Wir spüren die Wärme der Sonne

Setzen Sie eine Wange der Sonnenstrahlung aus. Der anderen Wange wird nun eine eingeschaltete 60 W-Glühbirne ohne Schirm genähert, bis die Wärmeempfindung auf beiden Wangen gleich ist.
Messen Sie den Abstand der Glühbirne von der Wange.

Aufgaben zur Auswertung

1. Messung mit einem selbstgebauten Pyrheliometer
1. Zeichnen Sie ein Zeit-Temperatur-Diagramm
2. Bestimmen Sie aus der spezifischen Wärmekapazität des Metalls (Tabelle), der Masse und der Temperaturzunahme je Zeiteinheit die auf die Fläche eingestrahlte Leistung.
3. Rechnen Sie die Leistung aus Aufgabe 2 um auf einen Flächeninhalt von 1m², um die Intensität zu erhalten.
4. Berechnen Sie die Leistung der Sonne im betrachteten Spekralbereich.

2. Abschätzung der Intensität des Sonnenlichts mit Hilfe einer Kochplatte
Berechnen Sie aus der elektrisch zugeführten Leistung und dem Flächeninhalt der Kochplatte die von der Sonne eingestrahlte Intensität und daraus die Leistung der Sonne.

3. Wir spüren die Wärme der Sonne
Bestimmen Sie unter der Annahme, dass der größte Teil der Leistung der Glühlampe in Form von Wärme und Licht abgestrahlt wird, die ungefähre Leistung der Sonne mit Hilfe des Abstandsgesetzes in „Abnahme der Intensität mit der Entfernung" (s.o.).

Absorption von Wärmestrahlung in Gasen

Die Fähigkeit von Gasen, Wärmestrahlung zu absorbieren, ist unter anderem für die Entstehung des atmosphärischen Treibhauseffektes von Bedeutung. Während Stickstoff und Sauerstoff, die Hauptbestandteile unserer Atmosphäre, Wärmestrahlung nur schwach absorbieren, gibt es Gase mit viel höherer Absorption. Wichtig für den Treibhauseffekt sind hier unter anderem Kohlendioxyd und Methan.
In diesem Experiment soll diese Absorption unter Verwendung verschiedener Gase näher untersucht werden.
Als Wärmestrahler verwenden wir einen von unten berußten Erlenmeyerkolben, der auf einen 1m langen zylindrischen Gasraum gestellt wird. Die nicht vom Gas absorbierte Strahlung trifft unten im Gasraum auf einen Absorber, dessen Erwärmung gemessen wird. Der Absorber erwärmt sich also um so stärker, je weniger das Gas die Wärmestrahlung absorbiert.

Hinweise und Aufgaben zur Vorbereitung

Beschäftigen Sie sich mit den Themen *Wärmetransport in Gasen, Durchlässigkeit der Atmosphäre für elektromagnetische Strahlung, Wärmekapazität* und *atmosphärischer Treibhauseffekt*.
Bauen Sie - soweit noch nicht vorhanden - die Messapparatur.

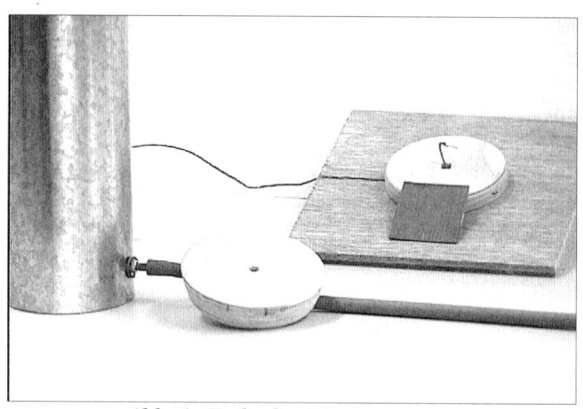

Abb. 1: Teile der Messapparatur

Absorption von Wärmestrahlung in Gasen

Geräte

▷ 1m Regenrohr, Durchmesser 10cm
▷ Deckel und Boden für die Messapparatur
▷ Innen-/Außenthermometer
▷ Aluminiumfolie
▷ 3 Stecknadeln
▷ Wärmeleitpaste, z.B. aus dem Elektronikbedarf

▷ Schaumstoff zur Isolation
▷ Erlenmeyerkolben Durchmesser größer 10cm
▷ Für den Vorversuch: Papier- und Chipstüte (innen metallisch bedampft)

Messmethoden

Temperaturmessung mit einem Stockthermometer.
Temperaturmessung mit einem elektronischen Thermometer.
Zeitmessung mit der Stoppuhr.

Hinweise zum Versuchsaufbau

Das zu untersuchende Gas soll durch einen Schlauch in das Innere des Rohres eingeleitet werden. Der Schlauch kann z.B. auf ein in das Rohr eingeschraubtes Fahrradventil gesteckt werden und mit einem kleinen Stopfen verschlossen werden. Damit die im Rohr befindliche Luft ausströmen kann, muß im Deckel ebenfalls ein kleines verschließbares Loch sein.
Das absorbierende Gas wird in ein ca. 1 m langes Metallrohr mit einem Durchmesser von 10 cm eingeleitet. Es eignet sich z.B. ein Dachrinnenrohr. Das Rohr muß aus Metall sein, damit das absorbierende Gas die Wärme an die Umgebung abgeben kann. Die Länge wird benötigt, um zu gewährleisten, dass die Erwärmung des Absorbers durch Wärmestrahlung und nicht durch Wärmeleitung geschieht.
Zur Temperaturmessung eignet sich sehr gut ein Innen-/Außenthermometer mit Fühler. Der eigentliche Messfühler befindet sich häufig in einem kleinen Kunststoffgehäuse mit einer selbstklebenden Fläche. Dieses Gehäuse verhindert eine schnelle Erwärmung des Fühlers und sollte deshalb vorsichtig entfernt werden.
Verwenden Sie als Absorber ein dünnes Aluminiumblech, berußen Sie dieses an der Oberfläche und kleben Sie es mit Wärmeleitpaste an den Temperaturfühler. Damit es nicht herunterfällt, sollte es mit 3 Stecknadeln an der darunterliegenden Isolation fixiert werden.

118 Experimente

Experimentelle Aufgaben

Vorversuch
Stecken Sie Ihre Hand in eine Papiertüte und zum Vergleich in eine leere Chipstüte. Spüren Sie einen Unterschied?

Versuche zur Wärmeabsorption
Leiten Sie folgende Gase in die Apparatur:
- Atemluft (hoher Wassergehalt)
- CO_2
- Methan (bzw. Stadtgas) oder Butan (Campinggas)
- Zur Vergleichsmessung Zimmerluft

Messen Sie die Temperatur des Absorbers in Abhängigkeit von der Zeit in Abständen von 10 s.
Die Messung geschieht immer nach dem folgenden Ritual, das wegen der Vergleichbarkeit sehr genau eingehalten werden muß:
1. Warten, bis der Absorber die Zimmertemperatur angenommen hat. In dieser Zeit Vorbereitung des Erlenmeyerkolbens: Siedendes Wasser einfüllen, mit kaltem Wasser mischen, bis eine Temperatur von 70°C eingestellt ist und abgießen, bis genau 0,5 l Wasser im Gefäß sind.
2. $t_1 = 0$ s Abnehmen des Deckels und Aufsetzen des wassergefüllten Erlenmeyerkolbens.
3. $t_2 = 100$ s Abnehmen des Erlenmeyerkolbens und Aufsetzen des Deckels.
4. $t_2 = 200$ s Ende der Temperaturmessung.

Aufgaben zur Auswertung

Vergleichen Sie die Empfindungen Ihrer Hand in der Papier- und in der Chipstüte und erklären Sie diese.
Zeichnen Sie die Temperatur des Absorbers in Abhängigkeit von der Zeit für $0 \text{ s} \leq t \leq 200 \text{ s}$ für alle Messungen in ein Schaubild.
Vergleichen Sie die Absorptionsfähigkeit der verwendeten Gase aufgrund Ihrer Messergebnisse.

Zerfallskurve eines Mischstrahlers

Experimente mit radioaktiven Strahlern sind sehr interessant, aber nur mit größter Vorsicht möglich. Deshalb verwenden wir für das Praktikum nur Strahler, die in unserer Umwelt schon vorhanden sind.
Um eine Zerfallskurve aufzunehmen, benötigen wir radioaktive Isotope, die eine so kurze Halbwertszeit besitzen, dass wir diese an einem Nachmittag messen können.
Wir fangen uns die in der Raumluft enthaltenen Aerosole, das sind kleine Schwebeteilchen, ein. Es gibt mehrere Verfahren, dies zu tun; eine besonders einfache Möglichkeit beruht auf der Tatsache, dass radioaktive Strahler und Folgekerne α-Teilchen aussenden, die ihrerseits durch Stöße Atome der Aerosole positiv ionisieren. Auch die Folgekerne selbst sind – oft mehrfach – positiv ionisiert.
Die positiv geladenen Schwebeteilchen werden in diesem Experiment mit einem negativ geladenen Draht eingesammelt.

Hinweise und Aufgaben zur Vorbereitung

Beschäftigen Sie sich mit den Themen *Radioaktiver Zerfall, Zerfallsreihen (speziell mit Radon und Thoron)* und *Exponentielles Zerfallsgesetz*.

Geräte

▷ Hochspannungsnetzgerät ohne Erdung mit Strombegrenzung 1mA oder
▷ Vorwiderstände 50 MΩ
▷ 10 m Draht
▷ Klemmen und Isolatoren zur Befestigung des Drahtes

▷ Geiger-Müller-Zählrohr
▷ Elektronischer Zähler
▷ Stoppuhr
▷ Filterpapier
▷ Spiritus

Messmethoden

Registrierung radioaktiver Strahlung mit Zählrohr und elektronischem Zähler.

Hinweise zum Versuchsaufbau

Spannen Sie den Draht möglichst lang im Physiksaal so, dass niemand aus Versehen dagegenstößt.

Abb.1: Befestigung des Drahts an einem Schrank

Schließen Sie die negative Klemme des Hochspannungsnetzgeräts an den Draht an und erden Sie die positive Klemme. Verwenden Sie bei Netzgeräten ohne Strombegrenzung Vorwiderstände. Stellen Sie eine Hochspannung von ca. 6 kV ein.

Schalten Sie das Hochspannungsgerät mindestens 1½ Stunden vor dem eigentlichen Praktikumstermin ein. Mehr als 3 Stunden zum Einsammeln der Aerosole nützen nichts, weil während des Einsammelns auch wieder Kerne zerfallen, sodass die Zahl der radioaktiven Kerne kaum größer wird.

Bauen Sie das Zählrohr so auf, dass das Zählrohrfenster sich ca. 0,5 cm über der Tischplatte befindet. Entfernen Sie die Schutzkappe vor dem Fenster.

Vorsicht!
Das Glimmerfenster des Zählrohrs ist sehr empfindlich. Es darf nicht berührt werden. Setzen Sie die Schutzkappe nach dem Versuch wieder auf das Zählrohr.

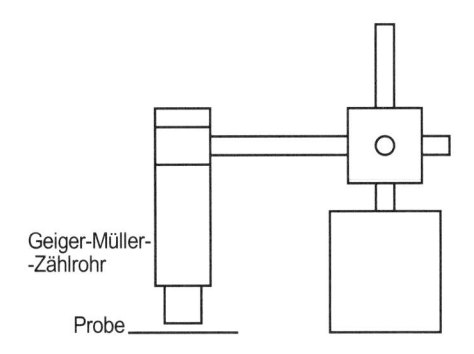

Abb. 2: Position der Probe unter dem Zählrohr

Fixieren Sie das Filterpapier vor der Messung unter dem Geiger-Müller-Zählrohr mit Klebestreifen, damit es in der einmal festgelegten Position bleibt.

Experimentelle Aufgaben

1. Bestimmen Sie die Nullrate in Impulsen je Minute (min^{-1}). Dies sollte über einen möglichst langen Zeitraum erfolgen. Da die eigentliche Messung um so aussagekräftiger ist, je länger sie läuft, ist es günstig, die Bestimmung der Nullrate schon vor der Praktikumszeit durchzuführen. Stellen Sie das Zählrohr an dieselbe Stelle, an der es bei der späteren Messung auch stehen soll.
2. Zählen Sie jeweils 10 Minuten lang die Impulse des Zählrohrs. Notieren Sie nach jeweils 10 Minuten die Anzeige des Zählers und drücken Sie gleichzeitig auf die Nulltaste, damit die Zählung für die nächsten 10 Minuten gestartet wird. Die *Zählrate* je Minute wird dann näherungsweise der Mitte des betrachteten Zeitintervalls zugeordnet (siehe Beispieltabelle unten).

t in min	*Zählrate* in $(10min)^{-1}$	*Zählrate* in min^{-1}	*Korrigierte Zählr.* in min^{-1}
5		648,4	634,8
10	6484		
15		580,2	566,6
20	5802		

Abb. 3: Beispieltabelle für eine Nullrate von 13,6 min^{-1}

Aufgaben zur Auswertung

1. Berechnen Sie, soweit noch nicht während des Experiments geschehen, die Nullrate, die Zählraten je Minute und die korrigierten Zählraten.
2. Zeichnen Sie ein Schaubild des gemessenen Zerfalls mit Fehlerbalken.
3. Ermitteln Sie für verschiedene Zeiten die Halbwertszeit(en) für den betrachteten Zerfall; wundern Sie sich nicht, wenn diese nicht konstant ist – schließlich handelt es sich bei der Probe um ein Isotopen*gemisch*!
4. Simulieren Sie den Zerfall eines radioaktiven Strahlers mit Hilfe einer Tabellenkalkulation so, dass die entstehende Kurve möglichst gut mit der gemessenen übereinstimmt. Vergleichen Sie mit der aufgenommenen Kurve.
5. Erstellen Sie eine zweite Simulation unter der Annahme, dass es sich bei dem zerfallenden Stoff um ein Gemisch von radioaktiven Isotopen mit unterschiedlicher Halbwertszeit handelt. Berücksichtigen Sie, dass auch die Tochterkerne weiterhin radioaktiv sind. Vergleichen Sie mit Ihrer Messung.

Die Strahlung von Baustoffen und Steinen

Viele Steine und manche Baustoffe enthalten radioaktive Stoffe. Hier lohnt es sich, mit einem einfachen Detektor auf die Suche zu gehen und Besonderheiten und Herkunft der Mineralien zu untersuchen. Besonders geeignet sind Steine aus Regionen, in denen Uranvorkommen lagern.
Manchmal sind auch die Leuchtziffern und -zeiger von alten Uhren radioaktiv.
Das zeitliche Verhalten von solchen Strahlern kann nicht untersucht werden, da sie schon sehr lange Zeit strahlen und sich in der kurzen Zeit, die im Praktikum zur Verfügung steht, so gut wie nichts ändert. Hier können aber statistische Messungen durchgeführt werden (siehe Poisson-Verteilung) und in manchen Fällen sogar Strahlungsarten unterschieden werden.

Hinweise und Aufgaben zur Vorbereitung

Beschäftigen Sie sich mit den Themen *Radioaktivität, natürliche Lagerstätten radioaktiver Isotope* und *Zerfallsreihen*.
Welche Eigenschaften muß ein radioaktives Material haben, das heute in Lagerstätten zu finden ist?
Überlegen Sie, wie Sie die drei Arten radioaktiver Strahlung durch Absorption voneinander unterscheiden können.
Beschäftigen Sie sich mit den Grenzwerten radioaktiver Strahlung in Wohnbereichen und an Arbeitsplätzen.
Beschaffen Sie sich radioaktive Steine aus der Geologiesammlung ihrer Schule.

Geräte

▷ Geiger-Müller-Zählrohr
▷ elektronischer Zähler
▷ Papier, Pappe und Aluminiumplatten verschiedener Dicke

▷ Steine und Baumaterialien
▷ evtl. alte Uhr mit Leuchtziffern
▷ optische Bank und Reiter
▷ evtl. Handzähler

Messmethoden

Nachweis radioaktiver Strahlung mit dem Geiger-Müller-Zählrohr. Registrierung mit einem elektronischen Zähler.

Hinweise zum Versuchsaufbau

Bauen Sie Probe und Zählrohr im Abstand von ca. 1,5 cm horizontal auf einer optischen Bank auf und sorgen Sie dafür, dass sich die geometrische Anordnung während des Experiments nicht verändert.
Vor der Messung muss die Schutzkappe vom Zählrohr abgenommen werden. Das dahinter liegende Fenster ist so empfindlich, dass es auf keinen Fall mit einem Stein berührt werden darf.
Verwenden Sie als Quelle Materialien aus verschiedenen Regionen und untersuchen Sie auch Steine aus der geologischen Schulsammlung.
Sehen Sie für die Absorber (Pappe, Aluminiumplatten) eine geeignete Halterung vor.

Vorsicht!
Vergewissern Sie sich, dass die Strahlung der Proben, auch der Uhr, innerhalb der zulässigen Freigrenzen liegt.
Auf keinen Fall darf das Uhrglas vor dem Zifferblatt entfernt werden, da sich die radioaktive Leuchtfarbe leicht vom Zifferblatt und den Zeigern ablöst!
Beim Umgang mit radioaktiven Stoffen, auch wenn sie nur schwach strahlen, ist besondere Vorsicht angebracht! Waschen Sie gründlich die Hände mit Seife, nachdem Sie die Steine angefaßt haben, essen sie nicht während des Praktikums und achten Sie darauf, dass die Materialien nur in den vorgesehenen Behältern bleiben.

Experimentelle Aufgaben

1. Entfernen Sie zur Bestimmung der Nullrate die Probe und zählen Sie 10 Minuten lang.
2. Untersuchen Sie die Strahlung der in den „Hinweisen zum Versuchsaufbau" erwähnten Proben.
3. Versuchen Sie mit Hilfe von verschiedenen Absorbern zu unterscheiden, welche Strahlungsarten auftreten.

Aufgaben zur Auswertung

Subtrahieren Sie die Nullrate von den gemessenen Zählraten. Wo stellen Sie auffallend hohe Strahlung fest?
Stellen Sie die Ergebnisse Ihrer Messungen in einer Tabelle dar.

Poisson-Verteilung

Das folgende Experiment beschäftigt sich mit statistischen Schwankungen bei radioaktiven Zerfällen.
Da für die Zukunft eines bestimmten Kernes bei einem radioaktiven Zerfall nur *Wahrscheinlichkeiten* angegeben werden können, beschreiben Gesetzmäßigkeiten immer nur einen *Mittelwert* für das Verhalten *sehr vieler Kerne*.
Für Messungen bedeutet dies, dass wir versuchen müssen, diesen Mittelwert möglichst genau zu bestimmen. Aus statistischen Gründen erreichen wir das um so besser, je mehr Zerfälle berücksichtigt werden. Für die Durchführung von Experimenten bieten sich hierfür zwei Wege an: 1. Verlängerung der Zählzeit und 2. Erhöhung der Zählrate durch Verringerung des Abstandes zwischen Zählrohr und Probe.
Als radioaktive Probe nehmen wir einen radioaktiven Stein, eine alte Uhr oder einen Glühstrumpf, wie er für Gaslampen im Campingbedarf erhältlich ist. Obwohl unsere Probe frei verkäuflich ist, muss mit ihr genauso vorsichtig umgegangen werden, wie mit anderen radioaktiven Materialien auch! beachten Sie dazu bitte auch den Hinweis in „Die Strahlung von Baustoffen und Steinen".
Siehe zu diesem Versuch auch „Streuung der Messwerte bei radioaktiven Zerfällen" in „Messfehler und Fehlerrechnung"

Hinweise und Aufgaben zur Vorbereitung

Beschäftigen Sie sich mit den Themen *Radioaktive Zerfälle und deren Nachweis* und *Mittelwert und Standardabweichung von Messungen mit statistischen Schwankungen.*
Beschäftigen Sie sich mit der Anfertigung von *Histogrammen.*

Geräte

▷ Glühstrumpf für Gaslampe oder
▷ alte Uhr oder
▷ radioaktiver Stein
▷ Geiger-Müller-Zählrohr

▷ elektronischer Zähler mit einstellbarer Zählzeit (Torzeit)
▷ optische Bank und Reiter
▷ Halter für den Glühstrumpf

Messmethoden

Nachweis radioaktiver Strahlung mit dem Geiger-Müller-Zählrohr.
Registrierung mit einem elektronischen Zähler.

Hinweise zum Versuchsaufbau

Bauen Sie die Probe und das Zählrohr entsprechend Abb. 1 so auf der optischen Bank auf, dass der Abstand frei einstellbar ist, sich aber während der Messungen nicht verändern kann.

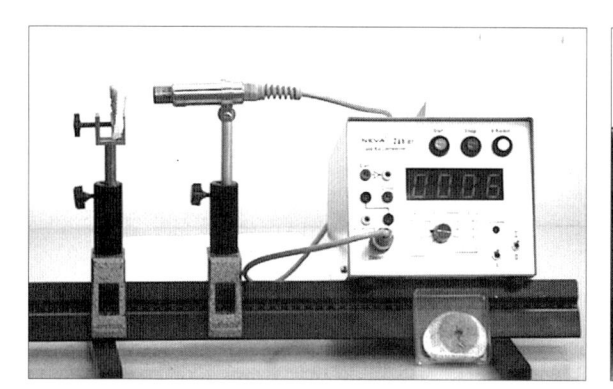

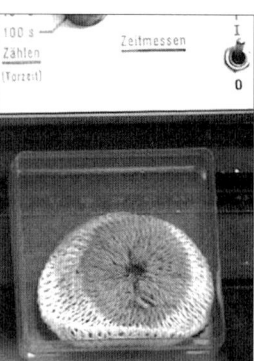

Abb. 1; 2: Versuchsaufbau; Glühstrumpf

Experimentelle Aufgaben

1. Veränderung der Zahl der Impulse durch Verlängerung der Zählzeit
Stellen Sie den Abstand zur Probe so ein, dass die maximale Zählrate 10 Impulse/s beträgt.
Achten Sie während der beiden folgenden Messungen darauf, ob Sie bereits nach den ersten Einzelmessungen Aussagen über den späteren Mittelwert treffen können.
Stellen Sie zunächst die Zählzeit auf 1s ein. Dies ist bei den meisten elektronischen Zählern möglich.

Bereiten Sie ein Histogramm vor, bei dem die Häufigkeit der auftretenden Zählraten dargestellt wird und erhöhen Sie bei der Messung einer bestimmten Zählrate den zugehörigen Balken um eine Einheit.
Führen Sie 50 Einzelmessungen mit 1 s Zählzeit durch.
Führen Sie weitere 50 Einzelmessungen mit einer Zählzeit von 10 s durch. Wenn Sie schnell sind und bereits ein Histogramm vorbereitet haben, können Sie die Auswertung auch hier bereits während der Messung anfertigen (s.u.).

2. Veränderung der Zahl der Impulse durch Verringerung des Abstandes zwischen Zählrohr und Probe
Die Zählzeit soll jetzt wieder 1 s betragen.
Verringern Sie den Abstand zwischen Zählrohr und Probe so, dass sich eine mittlere Zählrate von ungefähr 50 Impulsen/s ergibt und führen Sie eine neue Messung durch.
Verringern Sie erneut den Abstand für eine weitere Messung.

Aufgaben zur Auswertung

Die folgenden Auswertungen und Schaubilder dienen dazu, zu verdeutlichen, wie eine möglichst aussagekräftige Messung durchgeführt werden kann.

Für alle Messungen
Berechnen Sie aus der Zahl der Impulse n und der Zählzeit t die jeweilige Zählrate $N = n/t$ und runden Sie auf ganzzahlige Zählraten auf.

1. Veränderung der Zahl der Impulse durch Verlängerung der Zählzeit
Zeichnen Sie ein Histogramm für die Messungen mit einer Zählzeit von 10 s.

2. Veränderung der Zahl der Impulse durch Verringerung des Abstandes zwischen Zählrohr und Probe
Da jetzt die Zählrate größer ist, und nicht für jedes mögliche Ergebnis eine eigene Säule im Histogramm angelegt werden kann, teilen wir die Menge der auftretenden Zählraten in gleich große Gruppen auf.
Berechnen Sie zunächst für jeden Abstand den Mittelwert.
Zeichnen Sie für jeden Abstand Histogramme mit 10 gleich großen Gruppen von Zählraten, die bei 0 anfangen, und bei dem der Mittelwert ungefähr in der Mitte der 5. Gruppe liegt. Was stellen Sie fest?
Zeichnen Sie für die kleinen Abstände Histogramme mit ebenfalls 10 gleich großen Gruppen von Zählraten, bei denen Sie die Einteilung selbst geeignet wählen.

Franck-Hertz-Versuch

Der Franck-Hertz-Versuch ist einer der eindrucksvollsten Versuche zur Quantenphysik. Für den 1913 durchgeführten Versuch gab es 1926 den Nobelpreis für die beiden Physiker. Sie konnten damit charakteristische Energieverluste von Elektronen beim Durchgang durch Quecksilberdampf nachweisen und untersuchen.

Elektronen aus einer Glühkathode werden in einem elektrischen Feld beschleunigt. In einem *Vorversuch* bewegen sich die Elektronen im Vakuum und durchlaufen, wie im eigentlichen Franck-Hertz-Versuch, kurz vor dem Erreichen der Auffangelektrode ein minimales Gegenfeld. Dieser Versuch soll das Verhalten der Röhre ohne Quecksilberdampf zeigen.
Im *eigentlichen Franck-Hertz-Versuch* wird die Glasröhre, in der sich Kathode, Anodengitter und Auffangelektrode befinden, elektrisch beheizt. Dabei verdampft ein kleiner Quecksilbertropfen. Nun müssen die Elektronen also durch den Quecksilberdampf (Druck ca. 20 hPa bei 180°C) hindurch und stoßen dabei mit den Quecksilberatomen zusammen. Die dabei möglichen Beobachtungen sind Ziel des folgenden Experiments.

Hinweise und Aufgaben zur Vorbereitung

Beschäftigen Sie sich mit den Themen *Beschleunigung von Elektronen in elektrischen Feldern*, *Unelastische Stöße von Elektronen mit Atomen* und *Energiezustände in der Atomhülle*.
Berechnen Sie den mittleren Abstand der Quecksilberatome bei einem Druck von 20 hPa.
Klären Sie den Zweck der Gegenspannung vor der Auffangelektrode.
Lesen Sie die Gerätebeschreibung der verwendeten Apparatur.

Geräte

- ▷ Franck-Hertz-Röhre mit elektrischer Beheizung
- ▷ Stockthermometer
- ▷ Betriebsgerät mit den Versorgungsspannungen
- ▷ Messverstärker
- ▷ 2 Digitalmultimeter
- ▷ wenn vorhanden: Computer mit Registrierungssoftware

Messmethoden

Messung der Beschleunigungsspannung und der Ausgangsspannung des Messverstärkers mit Multimetern.
Evtl. Aufzeichnung der Messwerte mit dem Computer.

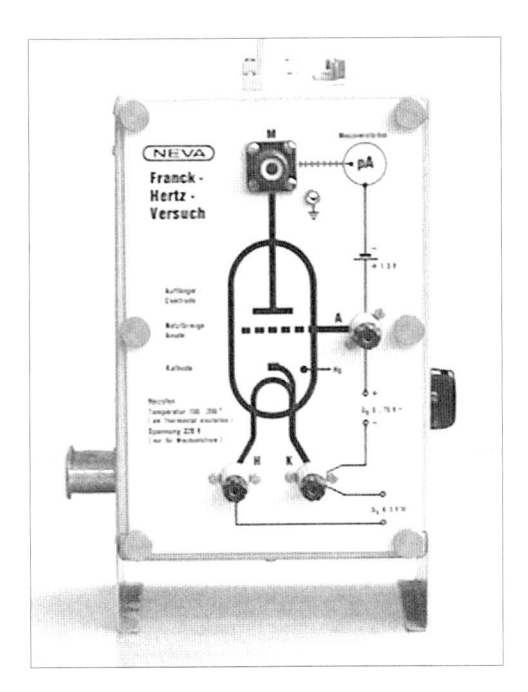

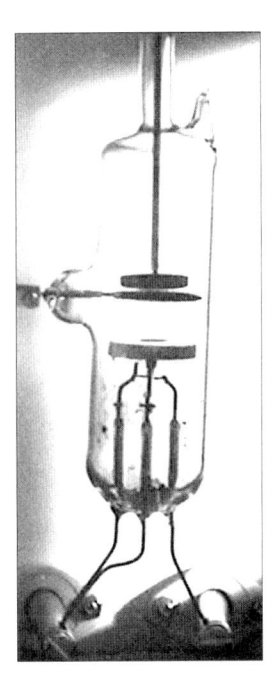

Abb. 1; 2: Beispiel für eine fertige Versuchsanordnung ohne Betriebsspannungen und Messverstärker; Röhre mit Kathode, Anode und Gitter

Hinweise zum Versuchsaufbau

Schließen Sie entsprechend dem Schaltbild in der Betriebsanleitung die Spannungsquellen an. Meist werden alle nötigen Spannungen von einem Betriebsgerät geliefert. Achten Sie auf die richtige Polung der Spannungen.
Schließen Sie die elektrische Heizung an.

Experimentelle Aufgaben

Vorversuch
Nehmen Sie eine U_B-I- Kennlinie für die unbeheizte Röhre auf.
Steigern Sie vor der eigentlichen Messung die Beschleunigungsspannung langsam auf 30 V und stellen Sie dabei den Messbereich des Messverstärkers so ein, dass der maximale Strom im oberen Bereich der Skala angezeigt wird.
Erhöhen Sie zur Aufnahme der Kennlinie die Beschleunigungsspannung in 0,5 V-Schritten und messen Sie die zugehörige Stromstärke in der Auffangelektrode.

Experiment mit beheizter Röhre
Das folgende Vorgehen ist auf die in Abb. 1 dargestellte Röhre abgestimmt.
Beheizen Sie jetzt die Röhre. Drehen Sie den Thermostat auf maximale Temperatur. Wenn nach ca. 10 Minuten die Temperatur von 180°C erreicht ist, drehen Sie den Thermostat zurück, so dass er gerade abschaltet. Das hören Sie an einem leisen Klicken und sehen Sie an der Heizwendel, die dunkler wird.
Führen Sie dieselben Messungen wie im Vorversuch durch.
Führen Sie die Messung bei 170°C und 160°C durch.

Aufgaben zur Auswertung

Zeichnen Sie die Schaubilder der Messungen oder drucken Sie diese aus.
Messen Sie für jedes Schaubild getrennt so oft wie möglich die Abstände der Maxima.
Zeichnen Sie ein Termschema für Quecksilber.

Anhang

Ergebnisse der Experimente zur Dämpfung

Im folgenden Abschnitt sind Messergebnisse des Experimentes *Dämpfung harmonischer Schwingungen* dargestellt
Die Aufzeichnung der Pendelbewegungen erfolgte mit Hilfe einer im Rahmen einer „Jugend-Forscht"-Arbeit umgebauten Computermaus „Speedmec" (siehe Anhang: „Bezugsquellen").
Die Schaubilder wurden mit Hilfe einer in der mitgelieferten Software vorgesehenen Routine exportiert.

Ohne zusätzliche Dämpfung wird das Pendel nur von der Lagerreibung (Kugellager) und vom Luftwiderstand gedämpft. Diese Dämpfung ist aber so gering, dass sie bei den folgenden Messungen vernachlässigt werden kann.
Bei der Dämpfung durch Gleitreibung kann offensichtlich von einer konstanten Reibungskraft ausgegangen werden. Induktionskräfte sind proportional zur Geschwindigkeit und Luftwiderstandskräfte proportional zum Quadrat der Geschwindigkeit.

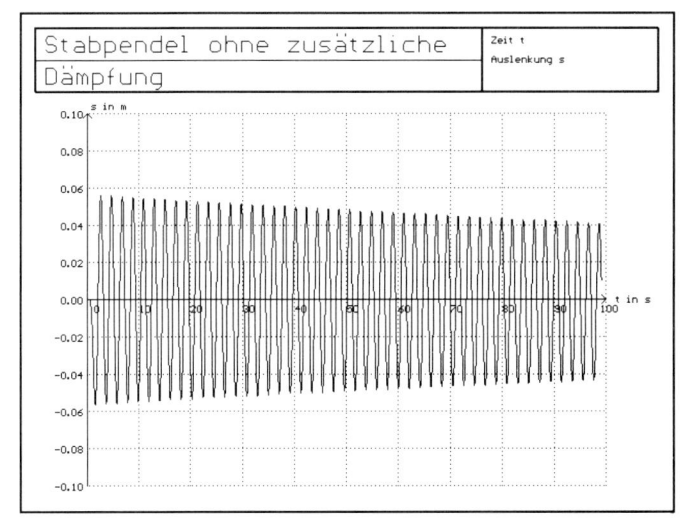

Abb. 1: Schaubild der Messung ohne zusätzliche Reibung

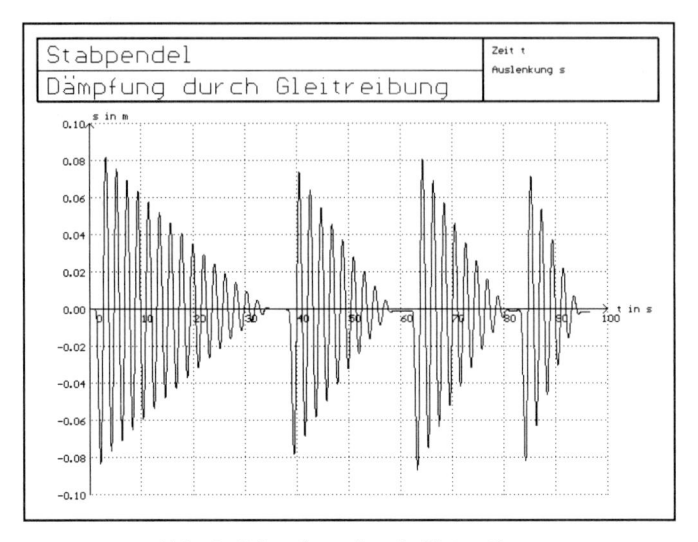

Abb. 2: Dämpfung durch Gleitreibung

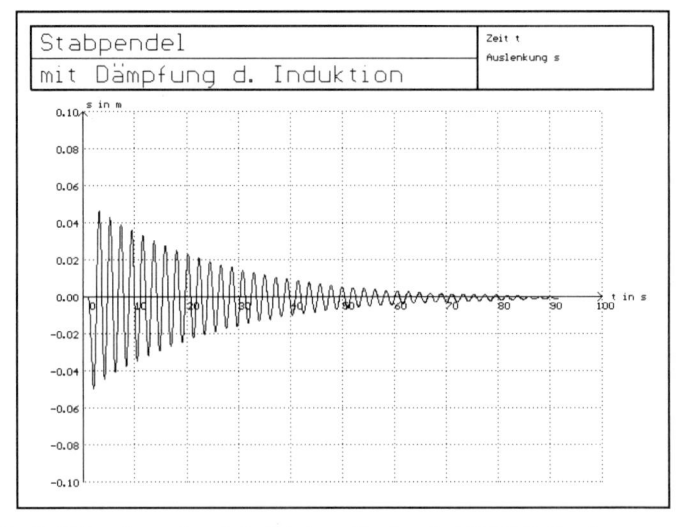

Abb. 3: Dämpfung durch Induktion: Spulen 2x1000Wd, Spulenstrom 2A

Ergebnisse der Experimente zur Dämpfung 133

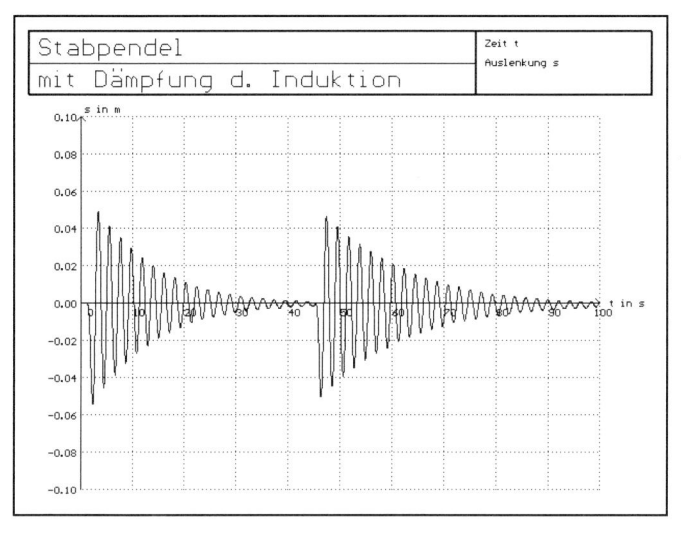

Abb. 3: Dämpfung durch Induktion: Spulen 2x1000Wd, Spulenstrom 3A, 2,5A

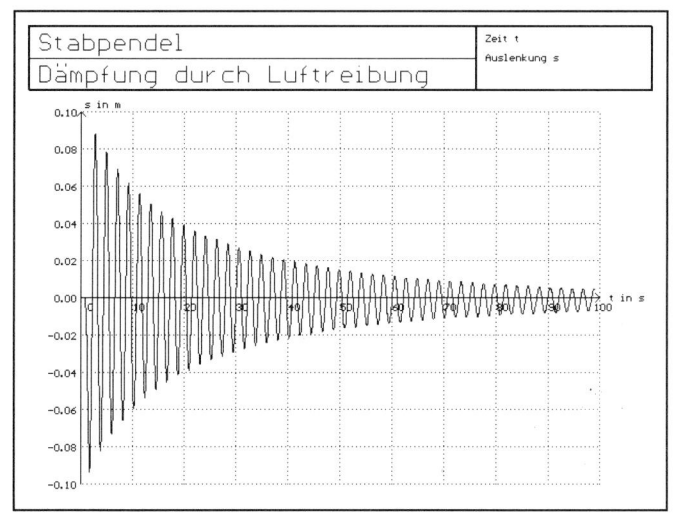

Abb. 4: Dämpfung durch Luftwiderstand

134 Anhang

Simulationen zur harmonischen Schwingung

Die folgenden Simulationen und deren Schaubilder beziehen sich auf den Abschnitt „Simulation, Vorhersage von Versuchsergebnissen" im Teil „Methoden zur Messung und Auswertung". Sie können mit den „Ergebnissen der Experimente zur Dämpfung" verglichen werden und veranschaulichen die bei der jeweiligen Dämpfung geltenden Abhängigkeiten der Dämpfungskraft von Auslenkung und Geschwindigkeit des Pendels.

1. Konstante Kraft

Da die Richtung der dämpfenden Kraft immer der Bewegungsrichtung entgegengesetzt ist, muß das Vorzeichen mit „$v / abs(v)$" korrigiert werden.
Beim ersten Schritt wird Fd Null gesetzt, da mit $v = 0$ der Quotient nicht definiert ist.

	A	B	C	D	E	F
1	Harmonische	Schwingung		D = 20 N/m	Dämpfung	m = 2kg
2	Zeit t in s	Auslenkung s in m	Geschwindigkeit v in m/s	Rückstellkraft F = -Ds in N	Dämpfungskraft Fd in N	Beschleunigung a in m/ss
3	0	0,1	0	=-20*B3	=0	=(D3-E3)/2
4	=A3+0,1	=B3+0,1*C4	=C3+0,05*F3	=-20*B4	=0,07*C4/ABS(C4)	=(D4-E4)/2
5	=A4+0,1	=B4+0,1*C5	=C4+0,1*F4	=-20*B5	=0,07*C5/ABS(C5)	=(D5-E5)/2
6	=A5+0,1	=B5+0,1*C6	=C5+0,1*F5	=-20*B6	=0,07*C6/ABS(C6)	=(D6-E6)/2

Abb. 1: Erste Zeilen der Simulation mit Works® für eine konstante Dämpfungskraft

2. Dämpfungskraft proportional zur Geschwindigkeit

	A	B	C	D	E	F
1	Harmonische	Schwingung		D = 20 N/m	Dämpfung	m = 2kg
2	Zeit t in s	Auslenkung s in m	Geschwindigkeit v in m/s	Rückstellkraft F = -Ds in N	Dämpfungskraft Fd in N	Beschleunigung a in m/ss
3	0	0,1	0	=-20*B3	=1,3*C3	=(D3-E3)/2
4	=A3+0,1	=B3+0,1*C4	=C3+0,05*F3	=-20*B4	=1,3*C4	=(D4-E4)/2
5	=A4+0,1	=B4+0,1*C5	=C4+0,1*F4	=-20*B5	=1,3*C5	=(D5-E5)/2
6	=A5+0,1	=B5+0,1*C6	=C5+0,1*F5	=-20*B6	=1,3*C6	=(D6-E6)/2

Abb. 2: Erste Zeilen der Simulation mit Works® für eine Dämpfungskraft proportional zur Geschwindigkeit

3. Dämpfungskraft proportional zum Quadrat der Geschwindigkeit

	A	B	C	D	E	F
1	Harmonische	Schwingung		D = 20 N/m	Dämpfung	m = 2kg
2	Zeit t in s	Auslenkung s in m	Geschwindigkeit v in m/s	Rückstellkraft F = -Ds in N	Dämpfungskraft Fd in N	Beschleunigung a in m/ss
3	0	0,1	0	=-20*B3	=0	=(D3-E3)/2
4	=A3+0,1	=B3+0,1*C4	=C3+0,05*F3	=-20*B4	=15*C4*C4/ABS(C4)	=(D4-E4)/2
5	=A4+0,1	=B4+0,1*C5	=C4+0,1*F4	=-20*B5	=15*C5*C5/ABS(C5)	=(D5-E5)/2
6	=A5+0,1	=B5+0,1*C6	=C5+0,1*F5	=-20*B6	=15*C6*C6/ABS(C6)	=(D6-E6)/2

Abb. 3: Erste Zeilen der Simulation mit Works® für eine Dämpfungskraft proportional zum Quadrat der Geschwindigkeit

Die Konstanten zur Berechnung der Dämpfung wurden durch Probieren gewonnen, Richtgröße und Masse frei gewählt.
Schwingungsdauer: Mit $D = 20$ Nm^{-1} und $m = 2$ kg ergibt sich:

$$T = 2\pi\sqrt{\frac{m}{D}} = 1{,}99 \text{ s}.$$

Schaubilder der Simulationen:

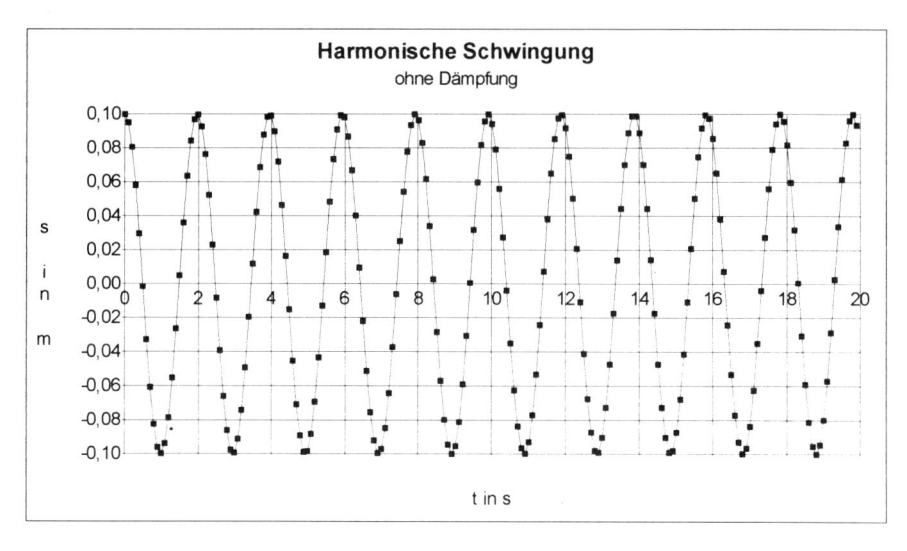

Abb. 4: Schaubild der Simulation der harmonischen Schwingung ohne Dämpfung

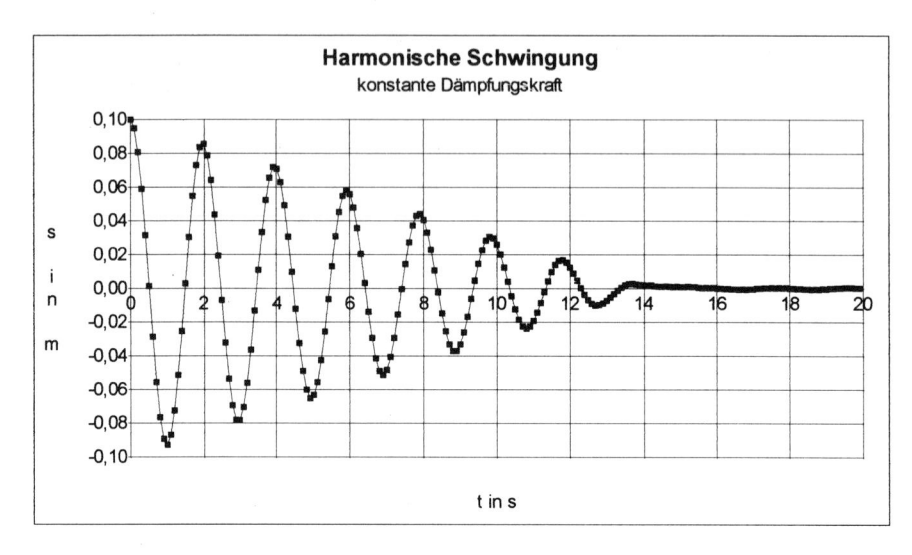

Abb. 5: Schaubild der Simulation einer harmonischen Schwingung mit konstanter Dämpfungskraft

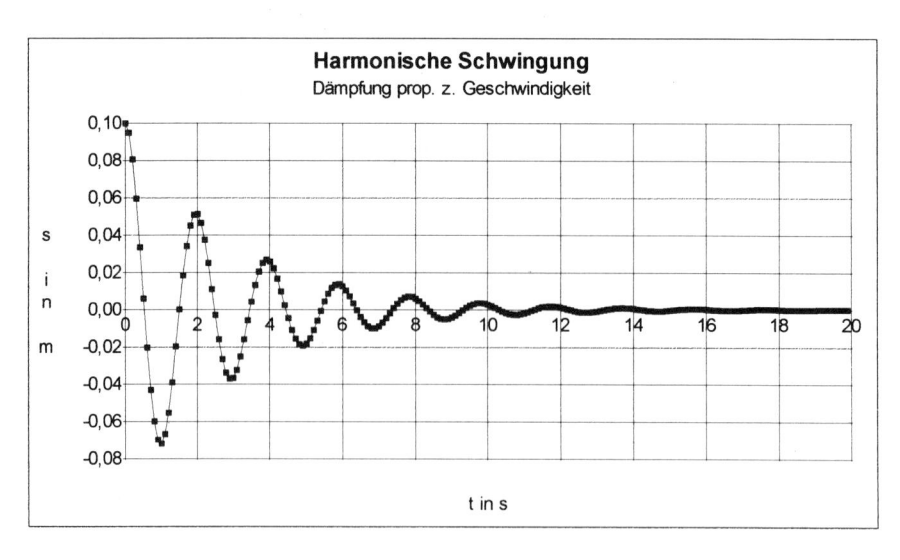

Abb. 6: Schaubild der Simulation einer harmonischen Schwingung mit einer Dämpfungskraft proportional zur Geschwindigkeit

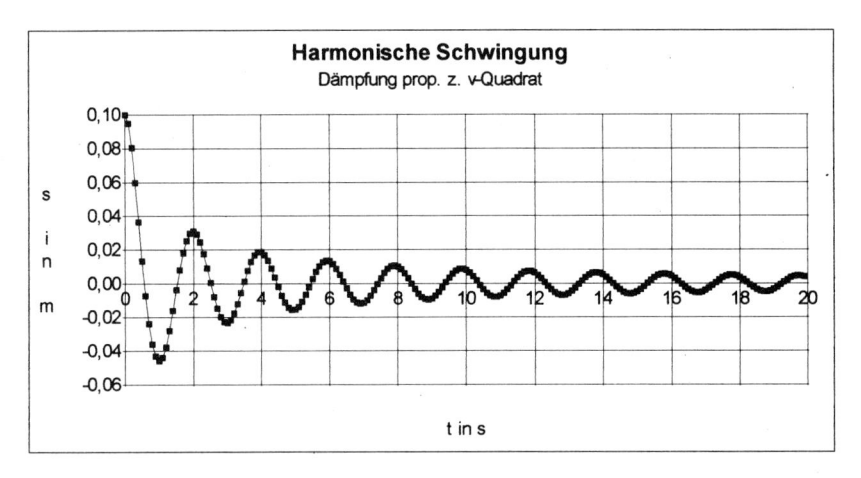

Abb. 6: Schaubild der Simulation einer harmonischen Schwingung mit einer Dämpfungskraft proportional zum Quadrat der Geschwindigkeit

Virtuelle Experimente

Mit der Verbreitung des Internet wird eine große Zahl von Simulationsexperimenten, die sog. virtuellen Experimente, verfügbar. Das Experimentieren besteht dabei im Verstellen verschiedener Eingangsparameter, die u.a. die Anfangsbedingungen für einen physikalischen Vorgang festlegen, und der Beobachtung der Veränderung dieses Vorgangs auf dem Bildschirm. Zu sehen sind dabei i.a. neben der Ausgabe von Zahlenwerten visuelle Darstellungen des Vorganges, z.b. bei Stoßvorgängen.
Die Programme für diese Art von Experimenten sind meist in der Programmiersprache Java geschrieben und werden bei Bedarf aus dem Internet geladen. Diese Java-Applets benötigen einen Browser, der auch darauf eingestellt sein muß (bei Netscape: *Options / Network Preferences / Languages / enable Java*).
Dargestellt werden die Experimente in einem Fenster innerhalb der aufgerufenen Webseite. Zu jedem virtuellen Experiment gehört eine meist englische Erklärung, die den Experimentierenden den physikalischen Hintergrund und die Bedienung erläutert.
Diese virtuellen Experimente können sicher das reale Experiment nicht ersetzen! Trotzdem gibt es einige Aspekte, die es in manchen Fällen sinnvoll erscheinen lassen, auch einmal diesen Weg zu gehen. Manche physikalische Vorgänge sind direkt nicht beobachtbar, weil sie sich im Mikrokosmos abspielen, wie z.B. der Compton-Effekt, und können durch eine gute Visualisierung deutlicher und einsichtiger werden.
Manche Effekte sind zwar im Realexperiment beobachtbar, eine Variation verschiedener Parameter ist aber sehr zeitaufwendig. Hier sind virtuelle Experimente im Anschluss an ein Realexperiment eine Bereicherung.
Andere, wie z.B. astronomische Abläufe, entziehen sich vollständig einer experimentellen Manipulation. Oft sind sie wegen ihrer langen Dauer in ihrem Verlauf der menschlichen Beobachtung nicht zugänglich. Im Simulationsexperiment können auch singuläre Fälle durchgespielt werden, die in der Natur überhaupt nicht oder nur in sehr langen Zeiträumen beobachtbar sind.
Der Einsatz solcher Simulationen aus dem Internet setzt eine genaue Prüfung der begleitenden Texte voraus. Da diese meist auf englisch und oft für Studenten in den ersten Studienjahren geschrieben sind, müssen auf jeden Fall Fachbegriffe geklärt und Hilfen bei der Übersetzung gesucht werden. Dann allerdings ist der Umgang mit der englischen Fachsprache eine Bereicherung des Lernens an der Schule, die nicht nur Englischlehrer zu schätzen wissen werden.

Beispiel: Hysterese
http://www.lassp.cornell.edu/sethna/hysteresis/hysteresis.html

Die Autoren stellen die Magnetisierung eines ferromagnetischen Körpers als lawinenartigen Effekt dar und simulieren ihn in zwei- und dreidimensionalen Modellen. Die magnetischen Momente der einzelnen Atome sind untereinander gekoppelt, und würden sich bei einer bestimmten Magnetfeldstärke alle gleich ausrichten, wenn im Modellkristall nicht eine einstellbare statistische Unordnung, die die thermische Bewegung simuliert, dafür sorgen würde, dass magnetische Momente immer wieder spontan umkippen.

Nach der Einstellung der Eigenschaften der Simulation, wie z.B. maximale Feldstärke, Unordnung im Gitter, Zahl der Dimensionen, Zahl der beteiligten Atome usw., kann der Simulationsvorgang in einer Darstellung des Gitters beobachtet und die Magnetisierung des Körpers in einem Schaubild verfolgt werden.

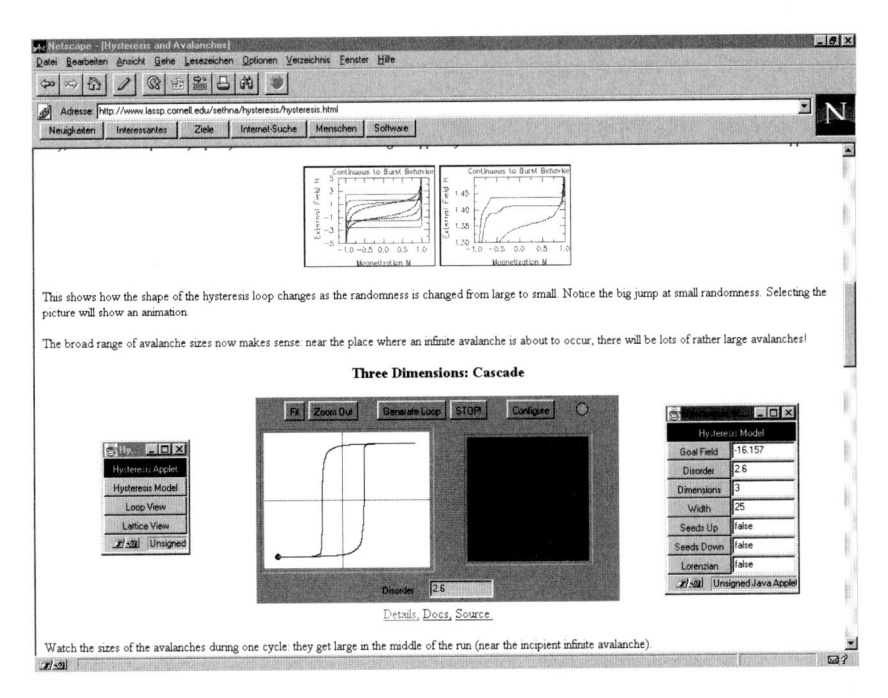

Abb. 1: Bildschirm einer Java-Simulation zur Hysterese der Cornell-University

Hinweise für die Teilnehmer am Physikpraktikum

Sie, die Teilnehmer, arbeiten i.a. in Zweiergruppen zusammen. Das ist interessanter und vermeidet Fehler, wenn Sie die einzelnen Schritte, die Sie vorhaben, vorher besprechen. Jede(r) von Ihnen sollte zu jedem Zeitpunkt alles verstehen, was gerade gemacht wird. Sie sind ein Team! Eine feste Rollenverteilung zwischen Experimentatoren, Schreibern und Zuschauern ist auf die Dauer langweilig. Bitte tauschen Sie auch mal die Aufgaben!
Sind Sie am Praktikumsnachmittag krank, so verständigen Sie bitte so früh wie möglich Ihre Partner und Lehrer.

Jede Gruppe erhält mindestens zwei Wochen vor dem Praktikum ein Thema, auf das Sie sich intensiv vorbereiten sollen! Als Quellen können Sie das Lehrbuch, die Versuchsanleitung sowie Lehrer und evtl. Gruppen, die das Thema bereits bearbeitet haben, zu Rate ziehen. Die Themen werden zyklisch so oft getauscht, bis jede Gruppe alle Themen der Serie bearbeitet hat.

Zu Beginn einer Serie bekommen Sie alle Experimente, die verwendeten Geräte und den prinzipiellen Aufbau vorgestellt.
Die Geräte für die Experimente stehen im Schrank, manchmal auch in der Sammlung. Den Aufbau der Experimente besorgen die Praktikanten, darauf müssen Sie sich also vorbereiten. Von den Geräten aus der Sammlung müssen vor dem Einsatz die eingestellten Werte notiert und nach dem Praktikum wieder eingestellt werden. Sie kennen alle die Aufschreie: "Wer hat da wieder an meinem Experiment ... !"

Bei der Durchführung der Experimente müssen Sie auf jeden Fall folgende *Aufzeichnungen* machen (sie sind nachher Teil der Ausarbeitung):
1. Versuchsskizze, evtl. verschiedene Varianten
2. Einstellungen der Geräte (Messbereiche, Verstärkungsfaktoren); alle Messwerte mit Einheiten, auch die mißlungener Messungen
3. besondere Beobachtungen; mögliche Fehlerquellen etc.

Diese Aufzeichnungen sind dann in Ordnung, wenn danach eine andere Praktikantengruppe exakt dasselbe Experiment nochmals aufbauen und mit gleichen Ergebnissen durchführen kann.

Für jedes Experiment muß am darauffolgenden Praktikumstag eine *Ausarbeitung* abgegeben werden.
Sie umfaßt folgende Teile:
1. Überschrift, VerfasserIn, Datum,
2. kurz: Ziel des Experiments, Messprinzip und Ergebnis (abstract),
3. Theorie, die zum Verständnis des physikalischen Effekts und der Messmethode benötigt wird,
4. Versuchsaufbau mit verwendeten Geräten; Skizze,
5. Versuchsdurchführung; verschiedene Varianten,
6. Auswertung der Messergebnisse mit Fehlerbetrachtung; wo sinnvoll: Statistik, sonst Analyse der möglichen Fehlerquellen und Abschätzung,
7. Weitergehende Überlegungen: Tips für nachfolgende Gruppen, Ideen für die Verbesserung und Fortführung der Messungen
8. Anhang: Bei der Durchführung gemachte Aufzeichnungen, Liste der verwendeten Literatur.

Wenn mal etwas beschädigt wird, sollten Sie das unbedingt sagen, sonst sucht oder probiert die nächste Gruppe evtl. stundenlang vergeblich. Was nicht mutwillig beschädigt wurde, muß nicht von den PraktikantInnen ersetzt werden!

Bezugsquellen für Software und Geräte

Bemerkung
Hier sind nur Quellen außerhalb des üblichen kommerziellen Angebots aufgeführt.

Software

Für die meisten Aufgaben genügt ein Rechner geringer Leistung, wie er von Firmen oder auf Flohmärkten leicht zu haben ist. Auf diesen Rechnern laufen DOS-Programme problemlos, so dass diesen bei gleicher Leistung gegenüber Windows-Programmen der Vorzug zu geben ist.

Bewegungsanalyse mit dem Computer
DIVA Auswertungssoftware für digitale Video-Filme mit einer ausführlichen Sammlung von Filmbeispielen für alle Arten von Bewegungen; Autor: Claus Dziarstek, Uni Augsburg; Kosten 30.-DM; http://www.physik.uni-augsburg.de/did/diva.htm. Voraussetzung hierfür ist ein Computer 486 oder schneller mit einer schnellen Grafikkarte. Es können auf CD mitgelieferte Filmsequenzen ausgewertet werden oder selbst aufgenommene Filme. Dazu bedarf es einer speziellen Steckkarte, die die Einspeisung eines Video-Signals ermöglicht. Eine solche Karte ist für ca. 100.- DM zu haben, funktioniert aber nur zusammen mit bestimmten Grafikkarten.
Zur Speicherung des aufgezeichneten Films wird auf der Festplatte in einer Datei Speicherplatz reserviert (ca. 1MByte je Sekunde Film). Danach sollte die Festplatte defragmentiert werden, um einen schnellen Zugriff auf den reservierten Speicher zu sichern.
Die Auswertung mit Exel$^®$ geht sehr einfach aus dem Progamm „Videoauswertung" heraus. Allerdings sehen dabei die Experimentierenden nicht mehr, wie die Berechnung der Geschwindigkeit und der Beschleunigung vor sich geht. Deshalb kann es günstiger sein, nur die Messwerte in die Tabellenkalkulation zu laden und dann die Experimentierenden die Auswertung selbst vornehmen zu lassen.
Außerdem ist wegen der begrenzten Auflösung des Bildes die Messgenauigkeit manchmal so gering, dass spätestens bei der Berechnung der Beschleunigung zu große Fehler auftreten.

Software für Interface-Karten

Die Uni Augsburg bietet 3 DOS-Messprogramme an. Die Programm-Pakete sind sehr umfangreich: WINMESS, WINDIGI und WINOSZI. Mit vielen Beispielen. Der Unterschied zur Originalsoftware liegt u.a. in der Mausbedienung und im Preis (umsonst). Sie lohnen sich schon wegen der ausführlichen Beispielbibliothek.

Installationshinweise (von Prof. Hilscher):
1. Die Programme sind von der DOS-Ebene aus zu installieren. Die Programme sind keine WINDOWS-Anwendungsprogramme.
2. Jedes Programm (Winmess, Winoszi, Windigi) umfasst 2 Disketten (d.h. vom Netz auf Disketten kopieren!)
3. Installation von Diskette vornehmen (aus der Zeit vor der Verbreitung des Internet!); dazu Diskettenlaufwerk angeben (rechts oben)
4. Angegebene Pfade auf der Festplatte (Ziellaufwerk) nicht ändern (nur eventuell Bezeichnung der Festplatte, z.B. D statt C). Nur *ein* Interface-System wählen durch Löschen der anderen beiden Zielpfad-Zeilen.
5. Die Programme werden von DOS aus über die *.bat - Dateien aufgerufen (z.B. windigi.bat) oder nach Start eines Programms aus der Versuchsbibliothek heraus (siehe Hilfe). Keine *.exe-Dateien aufrufen!

Speedmec

Computer-Maus mit einer nach außen geführten, kugelgelagerten Achse zur Registrierung von Bewegungen. Die mitgelieferte Software unterstützt außerdem die gängigsten Digitalmultimeter. Entwickelt im Rahmen einer „Jugend-Forscht"-Arbeit.
Preis: 268.-DM; Ingo Knesch, Corneliusstr. 4, 71640 Ludwigsburg; Hamit Hacioglu, Myliusstr. 9, 71636 Ludwigsburg

Einige nützliche Internet-Adressen

Das Fortgeschrittenenpraktikum der Universität Konstanz bietet eine große Zahl von **virtuellen Experimenten aus aller Welt** an.
http://fp.physik.uni-konstanz.de/vlab/

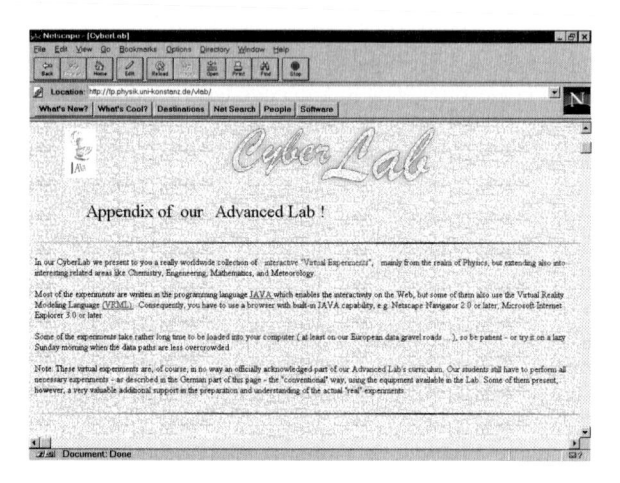

Einführung in die Teilchenphysik (der Particle Data Group) mit Darstellungen von aktuellen Experimenten http://pdg.lbl.gov/cpep/adventure_home.html

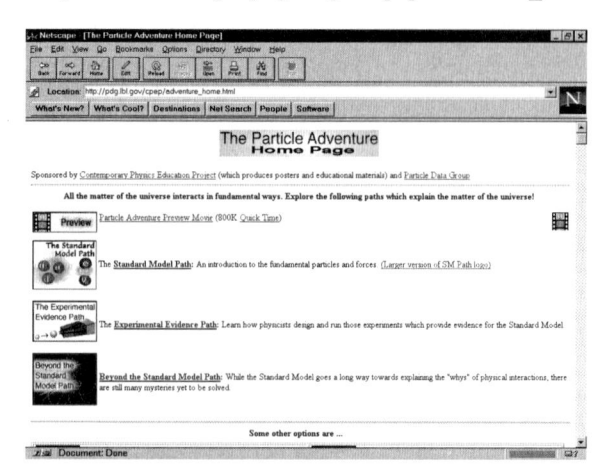

Einige nützliche Internet-Adressen 145

Die Universität Erlangen (Didaktik der Physik) bietet ein Programm zur Erfassung von Bewegungsabläufen mit einer üblichen Fernsehkamera sowie mehrere **Simulationsprogramme** an
http://www.physik.uni-erlangen.de/Didaktik/didaktik.html

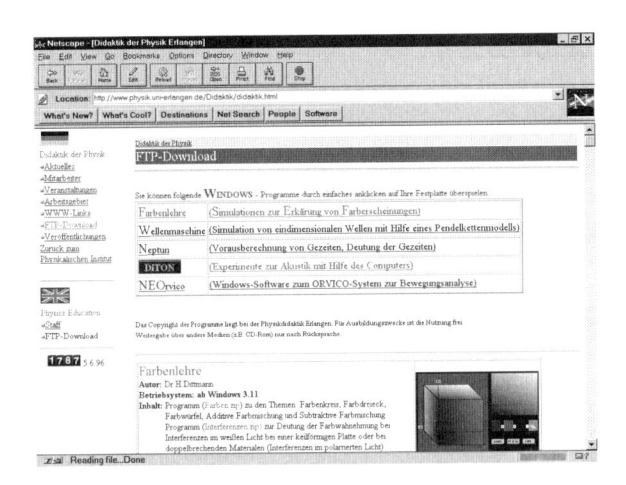

Physics Applets der University of Oregon
http://jersey.uoregon.edu/vlab/

Mechanics
- Cannon (1.0)
- Kinetic Energy (1.0)
- Friction, Forces, and Inclined Planes (1.0)
- Momentum (1.1)

Thermodynamics
- Ideal Gas Law (1.0)
- Thermodynamic Equilibrium (1.0)
- Maxwellian Velocity Distribution (1.0)

Astrophysics
- Inverse Square Law (1.0)
- Galaxy Photometry (1.0)
- Blackbody Radiation (1.0)
- Galaxy Sizes and the Hubble Law (1.0)
- Combine Stellar Spectra to synthesize a galaxy (1.0)

Electricity
- Ohms Law (1.0)
- Work (1.0)

Die Universität Essen (Didaktik der Physik) bietet **Routinen zum Messen mit älteren Conrad-Digimetern** an, auch solche, bei denen gleichzeitig mit zwei Geräten gemessen wird. Diese Option fehlt bei der Original-Software der Digimeter. Mit Quelltext in Pascal.
Die Programme verstehen sich allerdings als Bausteine zur Erstellung eigener Software.
http://didaktik.physik.uni-essen.de

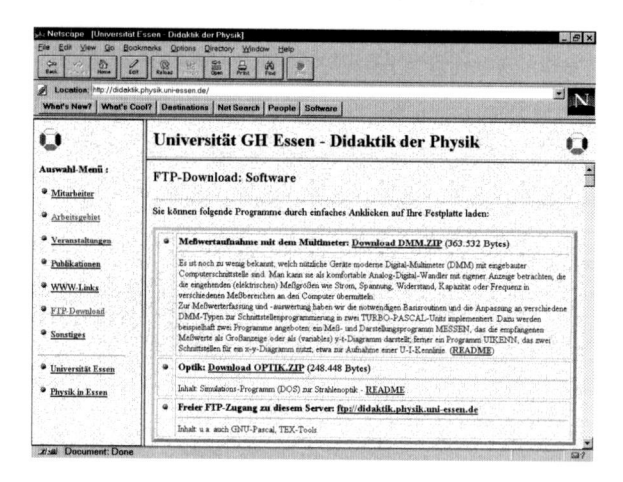

Literatur

[1] Peter Goldkuhle: **Modellbildung und Simulation mit dem Computer im Physikunterricht**; Aulis PRAXIS-Schriftenreihe Physik Band 54; 1997

[2] Helmut Vogel: **Gerthsen Physik**; Springer, Berlin 1997

[3] Paul A. Tipler: **Physik**; Spektrum, Heidelberg 1994

[4] Franz Bader, Friedrich Dorn: **Physik - Oberstufe S**; Schroedel, Hannover 1983

[5] Erich Keller, Henning Böhme: **Physikalisches Praktikum, 5 Bände jeweils mit Begleitheft**; Bayerischer Schulbuchverlag, München 1977

[6] Dieter Koller (Hrsg.): **Simulation dynamischer Vorgänge**; Klett, Stuttgart 1995

[7] Heinz Muckenfuß: **Lernen im sinnstiftenden Kontext**; Cornelsen, Berlin 1995

[8] Peter Labudde: **Alltagsphysik in Schülerversuchen**; Dümmler, Bonn 1996

[9] Herder-Lexikon: **Naturwissenschaftler**; Herder, Freiburg 1979

[10] Gerhard Schneider: **Computereinsatz im Physikunterricht**; Praxis der Naturwissenschaften Heft 3/42, 15. April 1993

[11] Hoverath: **Versuche zum Treibhauseffekt**; Der Mathematische und Naturwissenschaftliche Unterricht Heft 50/1, 15. Januar 1997

[12] Claus Dziarstek: **Benutzerhandbuch Digitale Video-Analyse (DIVA)**; Augsburg 1996

[13] Christian. E. Jäkel: **Kernphysikalische Experimente mit dem PC**; Aulis PRAXIS-Schriftenreihe Physik Band 53; 1997

[14] Immo Kadner: **Akustik in der Schulphysik**; Aulis PRAXIS-Schriftenreihe Physik Band 51; 1994

Stichwortverzeichnis

A

absoluter Fehler · 30
Absorption radioaktiver Strahlung · 123
Absorption von Wärmestrahlung · 116
Abstandsgesetz · 112
abstract · 141
Aerosole · 119
Alpha-Teilchen · 119
Anleitung · 12
arithmetischer Mittelwert · 32
Aufzeichnungen · 140
Ausarbeitung · 13, 141

B

Barkhausen-Effekt · 72
Belastungskennlinie · 55
Benotung · 14
Beugung · 105, 107
Bewegungen, Registrierung und Analyse · 27
Bewegungsapparat · 43
Bezugsquellen · 142
Bibliothek · 12
Billardspiel · 48
Bio-Mechanik · 27, 43

C

Computermesssysteme · 19, 24

D

Dämpfung · 40, 50, 51, 131
Differenzenquotient · 36
Digitalisieren von Videosequenzen · 28
Digitalmultimeter · 15
DIVA · 28, 48, 142
DMM · 15
Drehmoment · 43

Drehspulinstrument · 15

E

e/m nach Busch · 89
Eichkurve · 67
Elektromagnet · 63, 93
elektromagnetischer Schwingkreis · 75
Elektronen in magnetischen Feldern · 86, 89
Energieerhaltung · 48
Entladestromstärke · 58
Entladevorgang · 56
Entmagnetisieren · 67
Erfassung mit dem Computer · 17
Erhaltungssätze · 48
Erregerstromstärke · 63
Experimentelle Aufgaben · 42

F

Fadenstrahlrohr · 86
Fallbewegung · 46, 69
Fallrohr · 68, 69
Fehlerbalken · 35
Fehlerbetrachtung · 42
Fehlerfortpflanzungsgesetz · 31, 32
Fehlergrenzen · 34
Fehlerrechnung · 30
Flussdichte · 63
Franck-Hertz-Versuch · 128
freier Fall · 46, 68
Frequenzweiche · 80

G

Gaußsche Normalverteilung · 33
Geiger-Müller-Zählrohr · 123, 126
Geräte · 12, 41
Gitter · 107
Gleichspannungsquellen · 54
Gruppenpuzzle · 11

H

Halbwertszeit · 119
Halleffekt · 92
Hallsonde · 64, 65, 72
Handbibliothek · 12
Handlungsorientierung · 9
Hebel am Körper · 43
Hebelgesetz · 43
Helmholtz-Spulen · 86, 90
Hinweise · 140
Histogramm · 32, 127
Hysterese · 72

I

Impedanz · 82
Impulserhaltung · 48
Induktion · 68
Integration · 36, 56, 68
Intensität · 111
Intensität, Abnahme mit der Entfernung · 112
Interface · 24
Interferenz · 102, 105
Interferenzfilter · 105
Interferenzmuster · 105
Internet · 138, 144
invertieren · 21, 23
Isotopengemisch · 122

J

Java · 138
Java-Aplets · 138

K

Kanal invertieren · 21, 22, 23
Kapazität · 59
Kennlinie · 130
Kennlinie einer Halbleiterdiode · 18
kohärentes Licht · 105
Kondensator · 56, 59
Kondensator im Wechselstromkreis · 22
Kondensator-Entladung · 36
Kondensorlinse · 105
konstante Fehler · 31

L

Laborbuch · 13
Laser · 108
Lautstärkestufen · 85
Lehrerrolle · 13
Lernzirkel · 11
Lichtquellen · 105
Luftkissentisch · 48
Luftwiderstand · 46, 50

M

magnetische Linsen · 89
Masseprobleme · 22
Materialien · 12
Maxwellsche Gleichung · 68
mehrkanalig · 9
Meißner-Schaltung · 75
Messadapter · 24
Messen mit dem Computer · 24
Messen mit dem Oszilloskop · 19
Messfehler · 30
Messung von Spannungen · 16
Messung von Stromstärken · 16, 22
Mittelwert · 32, 125
Modelle · 39
Multimeter · 15

N

Netzgeräte · 54
NF-Verstärker · 100
Notengebung · 14
Nullrate · 121

O

Oszilloskop · 19

P

Pendel · 39, 50, 131
Periodisches Auf- und Entladen · 60
Phasenbeziehung · 102, 105
Phasenvergleich · 96
Piezo-Kristall · 102
Poisson-Verteilung · 33, 123, 125
Polschuhe · 93
Pool · 12
Praktikum in einer Front · 11
Präsentation · 10, 13
Projekte · 9
Pucks · 48
Pyrheliometer · 113

Q

Quantenphysik · 128
Querwellen · 99

R

radioaktiver Zerfall · 119, 123
Reflexionsgitter · 107
relativer Fehler · 30
Remanenz · 63
Resonanz · 77
Restwelligkeit · 54
Richtgröße · 52
Rückkoppelung · 99
Rückkopplung · 78

S

Saiteninstrumente · 99
Schallaufnehmer · 102
Schallgeschwindigkeit · 95
Schema der Versuchsanleitungen · 41
Schnittstellenkarten · 17
Schriftliche Anleitung · 12
Schutzwiderstand · 18
Schwebungen · 100
Schwerpunkt · 46
Schwingung · 134

Schwingungen · 50
Selbstinduktion · 77
Simulation · 39, 50, 53, 79, 122, 134, 145
Skelett · 43
Solarkonstante · 111
Sonne · 111
Soziale Fertigkeiten · 10
Sozialverhalten · 14
Spannungsquellen · 54
Spannungsstabiliät · 54
Spannungsstoß · 68
Speedmec · 51, 131, 143
Spektrum · 109
Sperrkreis · 80
Sport · 43
Stabpendel · 50
Standardabweichung · 32, 34
Stoßvorgänge · 48
subjektive Lautstärke · 85
systematische Fehler · 31

T

Tabellenkalkulation · 36, 38, 53, 142
Tochterkern · 122
Transmissionsgitter · 107
Treibhauseffekt · 116
Trigger · 19, 20
Triggerlevel · 20

U

Ultraschall · 102

V

Verteilungsfunktion · 33
Video · 27, 28, 46, 48, 142
Video-Analyse · 29
Video-Capturing · 29
virtuelle Experimente · 144
Virtuelle Experimente · 138
Visualisierung · 138
Vorbereitung · 41

W

Wechselstromwiderstand · 61, 82
Wegaufnehmer · 51
Wehnelt-Spannung · 87, 90
Winoszi · 26, 143

X

X-Y-Betrieb · 19
X-Y-Schreiber · 18

Y

Y-t-Betrieb · 19

Z

Zählrohr · 119
Zeitrahmen · 12
Zerfallskurve · 119
zufällige Fehler · 32

Historische chemische Versuche

Spannend, unterhaltsam und doch lehrreich beschreibt Otto Krätz interessante Begebenheiten aus der Chemiegeschichte und veranschaulicht sie durch 114 exakt beschriebene Experimente. Darunter sind alchemistische Versuche, Versuche mit Kältemischungen, Versuche zur Jahrmarktchemie, zur Geschichte des Rokoko, Experimente mit dem Luftballon, Arbeiten mit dem Lötrohr, Versuche mit Alkohol und zur Konservierung von Lebensmitteln. Faszinierend: das schillernde historische Umfeld.

Otto Krätz:
Historische chemische Versuche
Best.-Nr. 335-01123, Format DIN A5,
285 S., 85 Abb., kart.

Historische Versuche

AULIS VERLAG
Der Verlag für Lehrer

AULIS VERLAG DEUBNER & CO KG
Antwerpener Str. 6–12 · D-50672 Köln · Tel. (02 21) 95 14 54-20
Telefax (02 21) 51 84 43 · E-Mail: aulis@netcologne.de

Historische physikalische Versuche

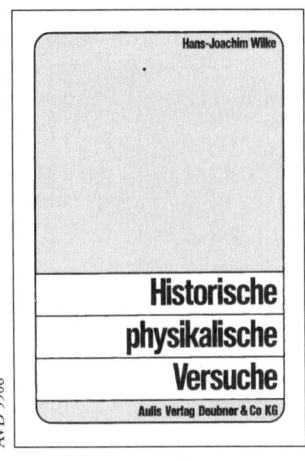

Dieses Buch bietet zahlreiche Anleitungen, historische physikalische Experimente mit heutigen Mitteln durchzuführen und einfache historische Experimentalgeräte nachzubauen. Darüber hinaus vermittelt das Buch einen originären Einblick in die experimentelle Arbeit großer Physiker der Vergangenheit, in die dabei aufgetretenen Probleme, die beschrittenen Lösungswege, die daraus gewonnenen Erkenntnisse. Eine Fülle von Motivationsanreizen für jeden Physikunterricht.

Hans-Joachim Wilke:
Historische physikalische Versuche
Best.-Nr. 335-01067, Format DIN A5,
285 S., 85 Abb., geb.